60歳からの 暮らしがラクになる住まいの作り方

田中ナオミ

主婦と生活社

はじめに

私は住宅設計者です。建築の世界に入ってからずっと「顔が見える人たちの住宅」ばっかり創ってきました。そのなかでいろんな「住み手」のライフスタイルに触れてきました。

依頼者である「住み手」と打ち合わせを重ねて設計したら、それを形にするために施工してくれる誠実な「作り手」と協働します。全員名前を言える関係のたくさんの「手」と創るというプロセスや、住み始めてからのドラマが重なり合い、それは毎回JAZZのようです。住み手や作り手から大きな学びがあるうえに、最後に「ありがとう」と言ってもらえる。住宅建築は建物だけでなく、いろんな関係性を創る仕事なのです。

これを読んでくださっているみなさんは、大人になってからお天気の話以外に深い話をする相手はどのくらいいますか？どんなふうに暮らしたいか、数十年後の未来を打ち合わせのたびに語り合えるのは、住宅建築ならではだと思います。

そんな仕事を通じて雑誌や本やメディアの取材があります。以前は私の手がけた住宅の取材でしたが、私が50歳を過ぎた頃から私自身のライフスタイルの取材が増えました。

楽しそうに60歳を超えようとしている住宅設計者ってどんな暮らしをしているのか？　毎日忙しそうだけれど生活が楽しいって言っているのはどういうライフスタイルなんだろう？はい。私もみなさんと同じように、日々時間に追われていろんなことを雑にこなしながら走り回っています。

ただいちばん大切な私の人的財産でもある家族や友人、「住み手」や「作り手」の笑顔を守るために、生活のなかでいろんな効率を図って暮らしています。

この本はそんな私の実際のライフスタイルを通じて、同じようにうに家族や周囲の人たちの笑う顔が見たい人のお役に立つようにと思っています。

生活を豊かにする
時短術で
片づけも家事も
積極的に楽しむ

WORLD SPACE DESIGN

CONTENTS

PART 2
家事がはかどる住まいの作り方

PART 3

考えずにできる 家事の時短術

PART 4

暮らしに寄り添う個人住宅に魅了される

PART 5

価値観を大切にした暮らしが人生を豊かにする

PART 6

暮らしと住まいの上級者になってみる

こんにちは！

PART 1

片づく
住まいの作り方、
考え方を手に入れる

片づく住まいとは？

「片づけ」と聞くと「収納」だけに目がいきがちですが、そうなるとその場しのぎの「きれい」しかかないません。本来、片づけの目的は見栄えのためではなく、そこに暮らす人のために行うもの。「使えるように整える」ためのひとつの手段です。

「きれいにする」ことだけに自分のタガをはめてしまうと苦しくなり、ストレスがたまります。でも目先の「きれい」ではなく「使いやすく整える」と単純に捉えると、「きれい」の思考が変わってラクになります。

「片づく住まい」に必要なこと

・家と物量のバランスが取れている

・収納とライフスタイル、家がマッチしている
・収納がきちんと機能している
・片づけが習慣化されている
・家族で片づけのルールが共有されている　ｅｔｃ

何よりものの「量」「居場所」「配置」「収納の仕方」が家と人、暮らしにマッチしていることが大切です。

そのうえで、きれいな状態をゼロ（基本）として、快適に暮らせているかどうか意識してみてください。快適ならゼロの状態がキープできるはず。暮らしは毎日続くものなので、まずは「片づけ＝使いやすくなる」ことを体感するのがいちばんです。

そうすると「きれいにする」目的も変わっていきます。

キッチンで過ごす時間がいちばん長いから、効率的に家事を行えるように収納や動線を集約。道具が多い場所だからこそ、必要なものだけ置いています。

・家事をしやすくするために「きれいにする」
・無駄な時間をなくすために「きれいにする」
・プライベートの時間を有意義にするために「きれいにする」
・スペースを作りたいから「きれいにする」　etc

きれいに片づけることで暮らしのなかの不具合が解消され、さまざまな手間が省けます。するとものを探す時間がなくなり、家事の効率が格段にアップして「小さな時間」が戻ってきます。

小さな時間がたまれば、好きなことに使える自分時間に。暮らしが整ってぐるぐる回ると、心にもゆとりが生まれます。

きちんと機能している片づけは、その場で済ませることができるので、「週末にまとめてやろう」「たまってからやろう」といった、ほかの時間を片づけでつぶすこともなくなります。

「出したら戻す」、ただそれだけ。

戻せないのは、しまいにくいなど、面倒に思う原因があるから。そこを解消して「クセづける」＝「習慣」にできれば解決です。

そして暮らしに合った片づけができると、自然にきれいな状態が保てます。

でもそれも、ときどき見直さなければなりません。

なぜならライフスタイルは年を経て変わっていくものだから。その変化に合わせて見直すことも大切です。

また、「もっとよくなる」という目を持ち、ときどき新しいものを取り入れながら、「昨日よりもうちょっと」「今日の隙間にもうちょっと」と、アスリートのように少しずつ意識を高めていくと、暮らしの質も上がります。

散らかる家の原因は、どう暮らしたいかが見えていないことにある

片づかない家には、必ず散らかる原因があります。その多くは、家、人、ライフスタイルと収納がマッチしていないこと。それが住まいのなかで不具合として現れてきます。片づかないと思う人は、自分たちのライフスタイルに目を向けて、暮らしの真ん中に何があるのかを考えてみましょう。

・買い物が大好き↓クローゼットが常にパンパン
・道具を使う趣味に夢中↓道具で占拠されている部屋がある
・テレビが大好き↓リビングが定位置
・料理やお菓子作りが好き↓食材や道具が多い、キッチンに立つ時間が長い
・在宅ワークがメイン↓仕事と暮らしの場が一緒　etc

例えば昨今、「テレビを見ません、置いていません」という住み手が増えています。すると設計では部屋の向きやアンテナ、配線のことを考慮しなくてよくなります。ひと昔前だったら、お茶の間でテレビを見ながらみんなでくつろぐ、というのが家族団欒のイメージでしたが、今では団欒の仕方が変わっています。お風呂でネットフリックスやユーチューブを見ているときが個々に幸せだったり、家族の会話をＬＩＮＥで済ませていたり……。

リビングで何をするのか、そもそもリビングルームって何なのかを考えていくと家具の配置や収納の仕方、ゴミの処理などが変わっていきます。

ほかにも固定電話を持たない、自宅でウーバーイーツも気軽に利用する、仕事は自宅でオンラインなど、時代によって、また人、世代によって、ライフスタイルは異なります。

私が住宅を創る際に住み手との面談で最初に行うのが、住人それぞれのライフスタイルを共有すること。以下の項目について住人それぞれに書き出してもらいます。

・幸せだと思うとき
・朝起きてから寝るまでの行動（平日・休日）
・好きなもの、好きなこと
・嫌いなもの、嫌いなこと
・好きな家事、嫌いな家事
・住宅で絶対に実現したいこと、やりたいこと

書くことで自分のことが客観視でき、自分自身を整理することができます。まずはそこが大事。夫婦の場合はそれぞれに書いてもらうと、考えていることが違ったりしてお互いのことを知るいいきっかけにもなります。

好きなことをもっと楽しめるように、嫌いなことを払拭《ふっしょく》するにはどうしたらいいのか、片づけながら住まいを整えましょう。

家族の意識が統一されていないと、結果散らかる

片づけたはずなのに、なぜか散らかる……。誰かと暮らしていれば、ものを使うのは自分だけではありません。収納場所やルールを決めていても、家族できちんと共有できていないと、結果、散らかります。ゴミの収集日や分別の仕方も同じで、きちんと共有することで家事を担う人がラクになります。

家族を巻き込んで任せることも大切です。自分がやったほうが早いことでも、まずはお願いして覚えてもらうのがいちばん。ただし、やり方が自分と違っていても目をつぶり、上手にやる気にさせてワンオペ生活を回避して。

ひとりで抱え込むとイライラするので、ルールを共有して分担するとストレスも減ります。

まずは「あれ、どこだっけ?」がなくなることを目指してみましょう。

収納ルールをしっかり共有すると
家族ができることが増えていく

↓　↓

リビングの収納は押し入れと戸棚。右：押入れは上段に掃除機などの掃除道具を置き、下段は資源ゴミの一時置き場に。3色のリサイクルバッグを設置しているので一目瞭然。夫も迷わず分別できます。左：戸棚には夫と一緒に使っているスカーフやマフラーの定位置に。出かける前にさっと取り出し、帰宅後もここに戻すのがお約束。

まず生活のなかのミスマッチを書き出してみる

片づく住まいを考える際に、見直さなければならないのが収納です。収納は、「物量」→「ものの居場所」→「配置」→「収納の仕方」の順に組み立てていきますが、闇雲に変えても暮らしにマッチしなければ片づく住まいにはなりません。まずは、暮らしのなかのミスマッチ＝「◯◯しにくい」「面倒」「苦手」なことを書き出して、なぜそうなのかを解消するように見直していきます。

- 鍋の出し入れが面倒 ↓ 配置と置き方を変更（できれば扉のない棚へ）
- 掃除がしにくい ↓ 出しっ放しのものを減らす　etc

場所別に書き出してリスト化すると、考えを整理しやすくなります。

次に持ち物の量を見直してみる

ものが多いと、場所だけでなく手間も時間も取られて、暮らしがものに支配されてしまいます。まずは「もったいない」などの執着を捨て、持ち物をひとつずつ見直してみましょう。必要なものかどうか判断するポイントはこちら。

・使用頻度で分類する。「いつか使うかも」＝「出番なし」
・同じ用途・機能のものはいちばん使いやすいものだけ残す
・開かずの扉の中のものは必要ないものと考える　ｅｔｃ

どうしても減らせない人は、ものが置いてある住宅の面積を家賃や坪単価に換算してみてください。ちなみに今なら建築費は畳一畳で１５０万円です。

とにかく端から着手すれば必ず終わりは来る

たくさんの持ち物を横目に、先送りにしがちな断捨離。だからこそ、思い立ったらすぐ着手。端から順番に選別していけば、必ず終わりはやって来ます。ポイントはひと部屋ずつ、1箇所ずつ確実に終わらせて次に進むこと。中途半端に手をつけると逆に散らかるので注意。家族の節目を狙って行いましょう。

・季節のものを入れ替えるとき、大掃除
・子どもが巣立つとき、自身がリタイアしたとき
・引っ越しするとき、リノベーションをするとき　etc

変化が訪れたときが暮らしやすく整えるとき。チャンスを逃さず行動です。

自分にしかわからない宝物がある

シニア世代の捨てられないものの多くが「思い出」。思い出の品こそ他人では判断できないので自分でじっくり選別します。そうして残ったものは宝物。私は母の手編みのブランケットや徳島にいた子どもの頃からずっと一緒のくまです。

写真も自分しかわからない思い出です。私も時間を見つけては見返して数を減らしています。データ化するのもおすすめですが、プリントならではのよさもあるのでよき選択を。

ものは使う場所に収納するのが鉄則

食器はキッチン、バスタオルは脱衣室、洋服は寝室……。収納の極意は「適材適所」です。使いたいものを使いたい場所に置くことは、当たり前のようで実はあまりできていないことにお気づきですか?

例えば、入浴時に必要なアイテム。パジャマは寝室、下着はクローゼット、タオルは脱衣室に収納していると、入浴前に寝室とクローゼットに立ち寄ってから脱衣室に行くことになり、洗濯後は寝室とクローゼット、浴室、それぞれに片づけに行かなければなりません。

いちばんスムーズなのは、パジャマ、下着などの入浴後の着替え一式とバスタオルを脱衣室にまとめること。1箇所に収納しておけば、入浴前の準備と洗濯後の片づけが一度に済んで、無駄な動きをなくせます。

また、よくあるのがリビングに設置された食器棚。おしゃれな食器棚がリビングにあるのは素敵ですが、使うとき、片づけるときにそのつどリビングまで往復しなければならないので、キッチンに出しっ放しになりがちです。そうすると食器棚のものは使わない、ってことにもなりかねません。

数歩の差でも家事の流れが断ち切られると面倒に感じるので、普段使いの食器はキッチンに置くのがベターです。

収納スペースにもよりますが、ものは使う場所（空間）で出し入れが完結するのが理想です。特に毎日使うものは定位置を決め、家族で共有するのが必須。掃除道具は、トイレなどの専用の道具は使う場所に備え、掃除機など複数の部屋で使うものは、掃除の動線上に収納を設けると便利です。

まずは何がどこに収納されているとスムーズに出し入れできるのか、見直してみましょう。使いたいものが使いたい場所にあると、ものも生かせます。

例えばキッチン周り

食器や調理道具類をキッチン周りに集約。まずはもの別に仕分けし、詰め込みすぎないで一目瞭然の状態に。毎日いれるお茶の茶葉を2段目に、カップ類は1段目というように、一緒に使うものを近いところに置くと一度に出せてスムーズです。

例えば本

本は3箇所に分けて収納しています。仕事関係のものはアトリエに設置した壁一面の本棚に。書籍は読み終わったら保存するものだけに絞り、廊下の納戸へ。美術館などで購入したお気に入りのアートブックはリビングの戸棚が定位置です。

片づく収納の基本は「見える化」

隠すように押し込んだだけの収納は、探す手間や片づける手数が増えて「面倒くさい」の原因になります。「見えない＝使わなくなる」ため、眠ったものも増え続けます。そんな悪循環を断ち切るために、「見える収納」を意識しましょう。何がどこにあるか一目瞭然にするのが理想です。

「見える化」の利点

・探す手間が省ける
・出し入れしやすい
・ものの量を把握できる
・重複買いを防げる

・家族も把握しやすい　etc

実のところ、収納は扉がないほうが使いやすくて効率的。使用頻度の高いものこそ、オープン棚での収納や出しっ放し収納がおすすめです。

どこに何があるかひと目でわかれば探す必要がなく、パッと手に取れてもとに戻すのもラク。常にものが丸見えなので整頓の意識が高まるうえ、リアルな物量も把握できてものが増えにくくなる。収納のいい循環が生まれます。

扉がある収納の場合は、扉の中を一目瞭然に。扉を開けて中を見渡せるようにしておくとスムーズです。

よく棚全体をボックスできっちり仕切る収納を見かけますが、一見すっきり見えているようで、①扉を開ける、②箱を引き出す、③ものを探して取る、④箱を戻す、⑤扉を閉める、と手数が何倍にもなるので実は上級者向けです。箱の中身を把握していないと、奥から「こんなの持ってた？」という忘却物が出てくることも。扉があってもなくても「見える」ことが大切です。

扉があってもなくても
「見える」ことを意識する

キッチンのシンク下は扉を外したオープン棚。毎日使う鍋類やざる、ボウルを出し入れしやすく配置。洗ったあとに片づけやすいのも利点で、そのうえ湿気がこもらないのもよいのです。

右上：クローゼットの中でもTシャツなどの棚は奥行きを浅くすることで、アイテムごとに畳んで重ねても一目瞭然です。左上：トイレの収納はオープン棚。トイレットペーパーの在庫がひと目でわかります。右下：キッチンの棚。形が不ぞろいで収納しにくいものは中が見える網ラックへ。左下：引き出しは上から見てわかるように仕切りを使って仕分け。

収納の配置は使用頻度によって決める

「見える化」による一目瞭然の収納とは、収納されているものを上手に生かす収納です。ものを使いやすく整えることは、手間が省けて家事がはかどるなど時短ができて快適な暮らしにつながります。

「一目瞭然」で大事なのは配置。必要なときにすぐに取り出せないと意味がないので、使用頻度の高いものをいちばん出し入れしやすい場所に配置します。

配置の決め方

① 使用頻度の高いもの
② ①を中心に中・低の順に配置
③ 季節物など年間で使う回数が限られるもの

④ そのほか使用頻度の低い特殊なもの

季節のものや特別なときに使うものは、多目的な物置きなどにまとめて入れておけば、よく使うもののスペースが確保できます。

引き出しの場合は、フカンで一目瞭然の状態に。カトラリーや文房具など、棚に比べて細かいものが多いので、仕切りグッズやトレイなどで仕分けすると（もちろんふたなしで）、何がどこにあるのかひと目でわかります。

出しっ放しの収納（見せる収納とも言う）の場合は、数を絞って吊るす、立てるなど、手に取りやすい方法で、使う場所のすぐ近くに設置します。

例外になるのが土鍋や大皿、お米などのサイズが大きく重いもの。棚の高いところから下ろすのはひと苦労なので、腰より低い位置に収納するのが安心です。毎日使うものなら出しっ放しでもよいと思います。

まずは場所ごとに使用頻度順に仕分けして配置を決めること。必要なものがすぐに取り出せ、人とものが活き活きと常に動いている収納を目指しましょう。

毎日出番のある普段使いのグラスやカップ類を取り出しやすい下段に。空き瓶や小鉢、来客用のポット類は2段目に。来客用のお椀など使用頻度が低いものは、背伸びをしないと届かない3段目。あまり出番のない道具類は、踏み台が必要な上段へ。

普段使いの中でも、いちばん使うものを手前に置くことでストレスなく取り出せます。ものが少ないと写真のように奥まで見えるうえ、手前のものをいちいち出さなくても取り出せます。

右：重くて場所を取るお米のストックは、いちばん下の米びつの横へ。隙間に寝かして収納すると場所を取らずスマートです。左：重量感のある大皿は、しゃがんで取り出す下段に。床に一回置いたりできるので、うっかり防止にも。

次に使うことを考えて収納の仕方を工夫する

配置が決まったら、次は収納の仕方を考えます。ここでもきれいに収めることが目的ではなく、使うことを前提に見直していきます。

出し入れしやすい収納の仕方

・アクション数（手数）が少ない
・詰め込みすぎずゆとりを残す
・棚の奥まで見渡せる、手が入る
・収納グッズが上手く機能している
・まんべんなく使える

よく収納グッズを先に買いそろえ、それに合わせてものを詰め込んでいく人がいますが、収納グッズはものに合わせて必要なところに必要なサイズのグッズを選ぶ、これが基本です。100円ショップでたくさん購入して棚にきっちりはめ込んだのはいいけれど、実際は使いきれていないこともよくあります。使えないグッズは場所を取るゴミと同じです。

仕切りは布や不安定なもの、形が不ぞろいなものに使い、仕切りの中も一目瞭然に。中がパンパンでは出し入れしにくいので物量を減らすことも忘れずに。

一度収納すると手前のものに手が伸びがちですが、定期的に回して使用頻度を均一にするのがおすすめです。ストック食材の買い足したものを奥へ、古いものを前に出すのと同じで、私は「フレッシュローテーション」と呼んでいます。例えば毎日使うふきんやタオルなら、洗った順に使い回せるように洗濯したものを奥へしまっていくのが望ましい。ぐるぐる回してまんべんなく使うことで持ちがよくなり、置き場所も清潔に保てて一石二鳥です。

空き箱などに畳んだふきんを縦に入れ、洗ったものをいちばん奥へ差し込んでいくことで、ぐるぐる回転してまんべんなく使えます。積み重ねると上のものに手が伸びてしまうので注意。

フレッシュローテーションでまんべんなく使う

バスタオル、パジャマ

タオルやパジャマも積み重ねず、棚幅に合わせて畳んで立てることで、パッと引き出して使えます。右端から順に使うと決めているので、洗ったものは左端へ。これで経年劣化が均一になります。

ナンバリングでぐるぐる

毎日水を3ℓ飲むこともあり、冷蔵庫に水のボトルを常時10本入れているのでナンバリングして古いものから順に飲みます。お茶はいただきものも含めたくさんの茶葉があり、きちんと使いきるように番号をふって収納。順番に毎日異なる味を楽しんで均一に消費します。

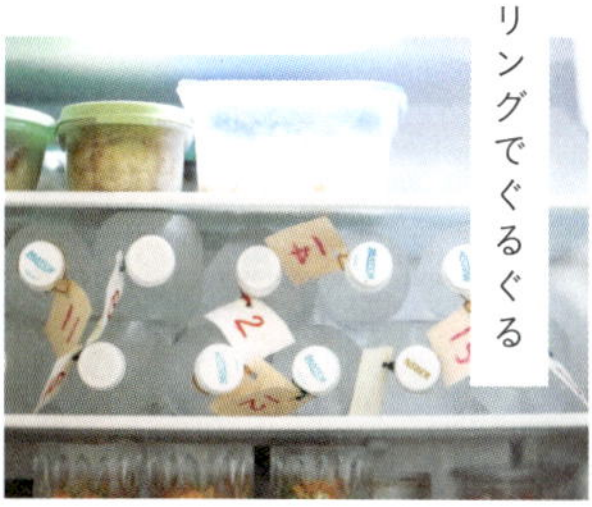

PART 1

動線を意識すると片づけはラクになる

帰宅して荷物を置き、コートを脱いで部屋着に着替える。手を洗って洗濯物を取り込んで畳んでしまい、夕飯の支度をする。食事をして後片づけをし、入浴して就寝……。生活は、さまざまなものを取り出して使い、片づけるシーンの連続です。そのため、1日の行動に沿った動線上に収納を適切に組み込むと、一連の流れがスムーズになります。

例えば、玄関のカギは、出るとき入るときに必ず通る靴箱などの内側にかけ、バッグは着替えのついでに出し入れできるクローゼットの所定の位置に。取り込んだ洗濯物は、歩きながら効率よく片づけられるように場所ごとに収納をまとめ、キッチンは家事の流れに合わせて細かく配置を考えるなど、収納場所と動線をリンクさせると行ったり来たりがなくなります（行ったり来たりをエクササイズと捉える余裕があれば別ですが）。

お茶をいれるちょっとした家事でもしかり。わが家の場合は、湯を沸かしている間に、後ろの棚からポットとカップ、茶葉を取り出してポットに茶葉を入れてスタンバイ。湯が沸いたらコンロからくるっと振り返ってポットに注ぎ、テーブルに移動します。コンロ周りに必要なものを収納しているので、準備は1〜2歩の移動だけ。私はお茶好きなので最短距離で済む配置にしていますが、31ページでお話ししたように食器棚がリビングにあり、茶葉がテーブル側の棚にあったりすると、大きな移動が2往復カウントされて、「面倒だな」と感じてしまいます。

「毎日バタバタしているなぁ」と感じている人こそ、生活パターンを振り返って無駄な行動がなくなる動線上に必要なものを置いてみてください。これだけで、自然に家は片づきます。

動線上に収納を配置して行ったり来たりをなくす

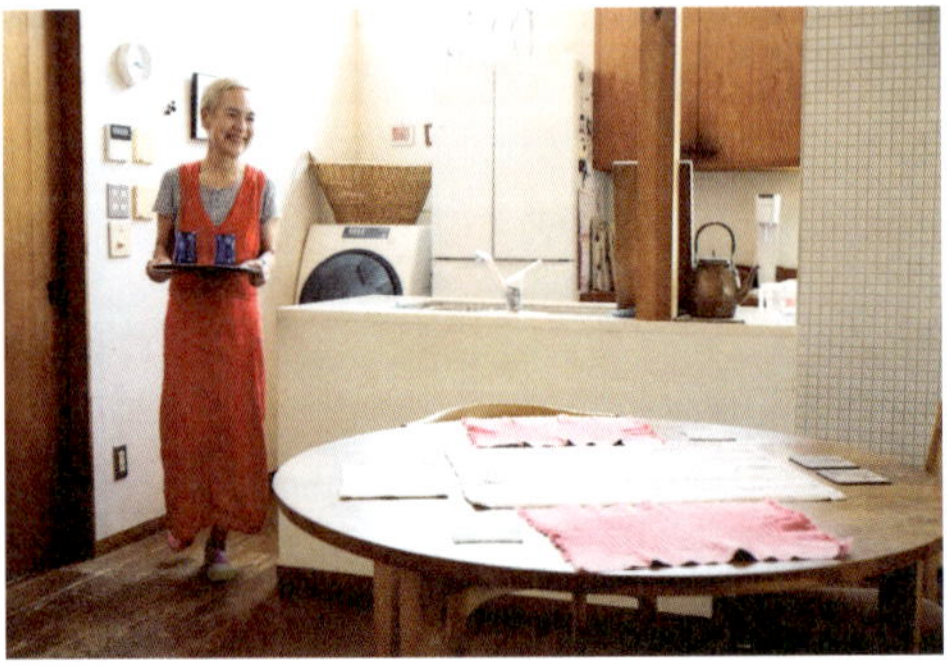

わが家のキッチンは回遊できるスタイルで動線が重なりません。さらに対面型なのでダイレクトにものの受け渡しもできます。

大きな食器棚やパントリーは設けず、キッチン内に洗濯機を設置。使用済みのふきんをポイポイと投げ入れられて重宝しています。洗濯用洗剤はキッチン用と合わせてシンク下へ。まとめてあるので在庫管理もラクです。

畳んだ洗濯物は①キッチン、②寝室のクローゼット、③脱衣室のように、しまう場所順に重ねておくとスムーズです。私の場合はアクロバティックに順に重ねて、歩きながらパパッと台の端っこなどに仮置きしておき、次にその場所に行ったときに収納場所へしまっています。

ときどき買い物したり入れ替えて気分を上げる

衣替えでクローゼットの中身を入れ替えると、新しいシーズンの到来にワクワクします。同じように、ほかの棚や引き出しの中身もときどき入れ替えると、暮らしにハリが出て楽しくなります。

ものはきれいに収まっていると見直す機会が少なくなり、使わなくなったものに気づけなくなるもの。「ただ持っているもの」＝「必要ないもの」。入れ替えるときに処分できれば、より使いやすくなります。

新しいものを購入して引き出しをハッピーにするのもよし。お気に入りに出会えると気分が上がり、またフレッシュな気持ちで家事がこなせます。ただし、とりあえずや間に合わせのものは、気に入らないテンションで使うことになるのでNG。もちろん、収納スペースに収まることは大前提です。

収納場所には限りがある。買ったら手放すがお約束

限られた空間の中で心地よく暮らすには、ものを減らすことが大事ですが、新しいものを迎えることは住まいにとっても心にとってもいいことです。ただし、買い物欲は尽きないので、家族内でルールを作っておきましょう。

「ひとつ買ったらひとつ手放す」

簡単なようですが、手放すことは案外難しいもの。でも手放せないとどんどんたまって、これまで整えてきた収納が破綻します。

「手放せないなら買わない」と決めれば、買いすぎも防げます。ここでも各所のスペースが把握できる一目瞭然の収納が役立ちます。また、いらないもの、美意識が合わないものは「安易にもらわない」など、家に必要ないものを持ち込まないように心がけることも大切です。

コーナーもリフレッシュ

ものを減らしながらも新しい風を入れてぐるぐる回すことで、住宅も人もハッピーになります。わが家ではオーディオコーナーのCDをときどき入れ替えたり（CDの時代ではなくなってきていますが）、トイレなどのコーナーのオブジェに新しいものを追加したりしています。私と美意識の方向性が合う住み手からのアートなギフトは気分が上がりますね。

PART 2

家事がはかどる住まいの作り方

毎日のことだから家事は楽しまなくちゃもったいない！

食事の支度と後片づけ、掃除、洗濯、買い物、ゴミの処理……、代表的なもの以外にも名前のない家事はたくさんあり、「毎日家事に追われる」と表現する人も少なくありません。

家事は「やらなきゃ」という義務的なものと捉われがちですが、私は家事が全部好き！　なかでも、気持ちよく晴れた日にお日様の匂いがする洗濯物を、温かいうちに取り込める場所で働けるのがとてもうれしい。

私は住宅設計をなりわいにしていますが、その前にひとりの生活者として日々の生活を大切にしています。そもそも、家事は生活するうえで必然なものだから、家事を苦痛に感じていると生活は楽しめません。生活を楽しみたいから、家事も楽しむ。それが私の根っこにあります。

ましてや「家事は女がするもの」なんて時代ではないのだから、リタイアして時間を持て余している男性も家事を楽しまなくちゃもったいない！

私が手がけた住宅の住み手たちもみんな、家事が大好きです。夫婦ふたり暮らしで、旦那さんがリタイア後に料理を始めたり、庭仕事や掃除を積極的にしていたり。みなさん暮らしのなかで、活き活きと輝いています。

家事をするうえで心がけたいのが、自分に「きちんと」という呪文をかけないこと。片づけの章でもお話ししましたが、片づけの目的は「きれいにする」ことではなく「使いやすくする」こと。家事も同じです。「きちんと」に縛られると苦痛に感じてしまいます。「きちんと」の基準も人それぞれで、他人と比べてイライラが募れば、当然楽しくはない。気負いすぎず、頑張りすぎず、家事が上手く回っていけば、暮らしはもっと楽しくなって家族にもやさしくなれます。

家事を楽しめると
暮らしの
いろいろなことが
上手く回っていきます

食事の支度も洗濯も毎日のことだから自分なりに工夫をしながら楽しんでいます。そうすると段取りがよくなり、時間の使い方も上手くなる。サクサク進むと達成感も得られて気分よく1日が終われます。

家事がはかどる住まいとは？

私が住宅を設計する際に意識しているのは「動線」です。「動線」＝「住み手の暮らし方」が住宅と一体になってぐるぐる回るようにいつも考えています。だから、設計の前には必ず、「好きな家事」と「嫌いな家事」、その理由を確認します。そのうえで好きな家事はもっと好きになるように、嫌いな家事は「嫌い」を払拭《ふっしょく》できるように組み立てていきます。

家事が楽しくないとこまごましたことが滞り、結果はかどりません。では、家事を楽しめなくしている原因は何か。ひとつに「ミスマッチ」があります。

前章でお話ししたように片づけと家事は直結しています。片づけも家事も生活の一部。すなわち「片づく住まい」＝「家事がはかどる住まい」と、密接な関係です。切り離して考えると片づけも家事もミスマッチは改善されません。

なかでも収納を見直す際の、①物量、②ものの居場所、③配置、④収納の仕方は、家事のミスマッチを取り除くのに効果的です。

家事のミスマッチを改善する効果

・物量↓適正量にすることで探す手間が省け、出し入れがラクになる
・ものの居場所↓適材適所で行ったり来たりがなくなる
・配置↓使用頻度順にすることで家事の動作に無駄がなくなる
・収納の仕方↓アクション数が減り、流れがスムーズに

家事ひとつひとつの流れや動きを思い浮かべながら、どこに何を置き、どのように収納すると家事がはかどるか考えてみましょう。上手く軌道にのって楽しめるようになると、「もっとこうしてみよう」と向上心も湧いてきます。

住宅は自分らしい暮らしを豊かに楽しむための道具。ライフスタイルにフィットして上手く機能していると、家事は当たり前のようにはかどります。

片づけで暮らしを
整えると
格段に家事が
はかどります

右ページ：コンロ周りは調理中にパッと道具を取れるように、必要なものだけ出しておくとスムーズ。上：寝る前にシンクやカウンターの水滴をきれいに拭き上げておくと、1日の始まりが気持ちよく迎えられます。下：家族の置きっ放しのものがたまりがちなリビングこそ、スッキリをキープ。

PART 2

キッチンは「見える化」で道具を探す時間をなくす

前章で「片づく収納の基本は見える化」とお話ししましたが、住宅の中でもさまざまな道具を使いながら作業をするキッチンは、特に「見える」ことを重視したい場所。配置と収納の仕方で作業効率が変わるので、見えることは時短の一歩になります。

料理をしているときに「ものを探す」と流れが止まるので、キッチン内は適材適所を徹底します。さらに「見える化」をはかれば、手を動かしながら次に使う道具を確認できるうえ、調味料などの在庫管理もラクになります。

わが家のキッチンはシンク、作業台、コンロ（下にオーブン）が1列に並んだアイランド型。後ろに冷蔵庫、大工さんが造った棚を設置して、次のように道具を収納しています。

シンク周り↓下ごしらえ、鍋類、掃除道具など
作業台周り↓まな板、包丁、小さい調理道具、カトラリー、調味料類など
コンロ周り↓加熱調理に必要な道具（へら、トング、菜箸、スパイスなど）
棚↓食器、保存容器、ふきんなどの布物、乾物、ストック食材など

例えば野菜をゆでる場合は、シンクで洗う・鍋に水を入れる↓鍋を火にかける↓作業台で野菜を切る↓鍋に野菜を入れてゆでると、横移動で完結。それぞれのスペースにある必要な道具をパッと取り出し、器を取るときは腰をひねるだけで後ろの棚に手が届くので、流れるように作業が進みます。

「決まりごとの見える化」も有効です。献立や食材の買い足しリストを貼って共有したり、また洗い物やワインの在庫チェックの係を決めたり、共有・分担を見えるようにしておくと、ワンオペ家事の負担が軽くなります。

時短になる見える収納

さっと引き出す

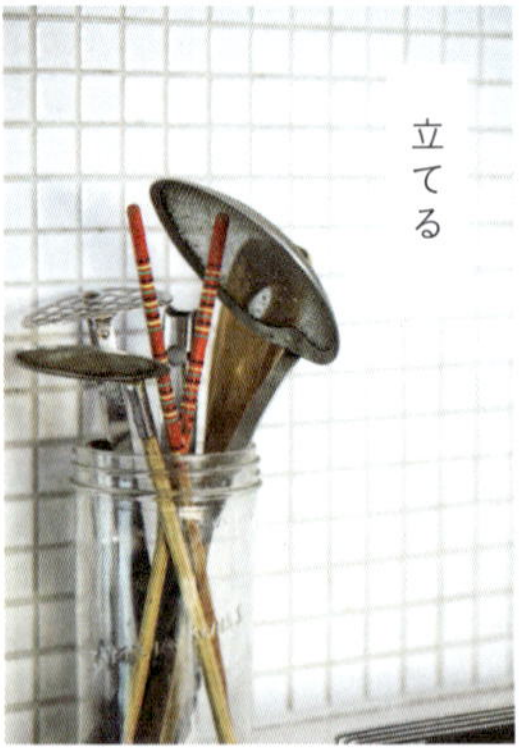

立てる

吊るす

右上：シンク下のオープン棚のいちばん下にボウルとざるを収納。網にのせれば、お行儀は悪いけど足でさっと引き出せてしゃがむ必要がありません。左上下：コンロでの調理中に使う道具はスタンドに立てる、S字フックに吊るす出しっ放し収納で乾燥も兼ねています。1箇所にまとめるより手に取りやすく作業の手も止まりません。

大きくて重い食器は下の棚へ。普段使いのプレートは上段に置き、場所を取る米類はストックと一緒に下段に収納。ふきんやランチョンマットは奥行きに合う仕切りに入れると出し入れしやすくなります。また使う食器は前日の夜から出しておきます。

洗って干すって気持ちいい。洗濯を積極的に楽しむ

晴れた日の洗濯が大好きです。必ず週間天気予報をチェックして大物洗いを計画します。わが家は郊外なので外干しで、バルコニーには深い軒《のき》があり、多少の雨でも大丈夫。よく晴れた日に洗うものがなければ探してでも決行するくらい、ほかほかのお日様の香りがする洗濯物が好きです。外干しは干して取り込む手間はありますが、除菌・消臭もかない、エコで経済的。

加えて私は柔軟剤を使わないバリバリ派。洋服もタオルもお日様の力でパリッと乾かしたものが好きだから、普段使いのものはノーアイロン。夫は洋服のコンディションにうるさいので、夫の洋服は取り込んだらノータッチ。彼が自分でアイロンをかけて畳んでしまっています。アイロンがけも畳むのも夫のほうが上手なので（私は雑）、任せたほうが互いにストレスになりません。

洗濯も家族内でルールを決めておくと面倒なことが減らせます。

わが家の洗濯のルール

・基本は外干し。日が暮れる前に取り込む（季節にもよるが9〜15時が理想）
・パンパンと伸ばして干す
・夫の洋服は取り込んだら、夫に渡す
・大物の洗濯は何曜日に洗うと決め、忘れず洗濯機をぐるぐる回す
・洗濯グッズは干した姿が美しいものを使う
・物干しスタンドを活用する
・洗剤は使い勝手のいい小さな入れ物に詰め替える

私は外干し派ですが、乾燥機には乾燥機ならではのよさがあり、日中家を空ける人にはありがたい道具。環境や好みなどで何を重視するかは人それぞれ。自分に合ったやり方で気持ちいい洗濯環境をつくってください。

洗濯の楽しみ方

右：キッチンに設置した洗濯機からベランダまでは一直線。下：スタンドごと取り込み、畳んで仕分けまでスタンドの上で行います。左ページ：使ってみて本当によかった「6翼物干しスタンド」。翼が広がって何でも干せるうえ、キャスター付きで室内に入れるのもラク。

バスルームは使うものだけを出し入れしやすく配置

バスルームはひとりでゆっくり過ごせる特別な空間。私の楽しみは湯船に浸かって体を癒やしながら読書すること。特に寒い季節の入浴はサイコーです。浴室は用途が限られますが、一般的に隣接する脱衣室は洗面室を兼ねることが多く、1日に家族が何度も出入りします。さらに洗濯機を置いていると、狭い空間を複数の用途で使うことになるので、用途を明確にして収納は必要なものだけに絞ります。

顔を洗う、歯を磨く、手を洗う、うがいをする、入浴する、髪を乾かす、スキンケア・メイクをする……。水回りなのでこまめな掃除も必要で、掃除道具もマスト。こまごまとしたものであふれないように、出しっ放しのものは厳選し、もの別にしっかり仕分け。一緒くたは、ごちゃごちゃの元凶です。

家の出入口はすっきりと、靴箱の中は一目瞭然に

家の出入口は、最初に住人のモチベーションを左右する場所。靴やものがないすっきりした出入口と靴がごちゃごちゃ出ていて宅配便や生協の荷物が山積みになっている出入口。帰ってきてホッとするのは、やはり片づいた出入口です。扉を開けてものがあふれていたらがっかりしてしまうから、出入口の印象って結構大事です。

ここに必要なものは靴、スリッパ、傘、掃除道具くらい。収納のメインが靴箱になるので、靴を適量にすることが最優先。次に靴箱の中は選びやすいように一目瞭然に。ぎゅうぎゅうに詰め込むのはNGです。スリッパはひと組ずつ重ねてカゴか靴箱の一部にまとめ、傘は傘立てに家族1本ずつあれば十分です。出入口は風通しよくすっきり保ち、気持ちよく人を迎えたいものです。

バスルーム

上：わが家は脱衣室と洗面室が一緒ですが、洗濯機は置いてないのでものは少ないほうです。細かい洗面道具などはオープン棚に一列に並べ、洗面台周りをスッキリさせることで掃除がしやすくなります。下：洗濯後のタオルは一旦椅子などに置き、次に脱衣室に来たときに棚にしまいます。

玄関

右：扉を開けてスッキリ片づいた家の出入口はやっぱり気持ちがいいので、履いて乾燥させている靴以外は出しっ放しにしません。左：わが家では靴箱を夫と私できっちり仕切って各々で管理しています。棚板の高さは靴の大きさに合わせて変えています。

右：ほうきとちりとり、自転車の空気入れを外から見えない位置に配置。中：出入口のドアノブは毎日使うものだから、高くても気に入ったデザインのものをぜひ使ってください。左：その日履いた靴は玄関の隅に数日置いて、乾燥させてからしまうことを習慣にしています。

衣類は入れ替えと見える化で持ち物と物量を把握する

収納が機能していないクローゼットは、探したりしまうのが面倒になり、ソファや椅子に1枚、また1枚と出しっ放しになりがちです。洗濯したものをしまうのが面倒になると、さらに暮らしが洋服に侵食されるうえ、クローゼットには着ない服がたまっていきます。まさにタンスの肥やしです。

クローゼットがぎゅうぎゅうの人は、何より先に数を減らし、適正量をキープすることが大事です。

「ひとつ買ったらひとつ手放す」を徹底する。捨てなくても売る・寄付するなど処分する方法はあります。

Tシャツ1枚ならさほど場所を取らないけれど、でもそのくり返しこそ洋服があふれる一因です。

物量を把握するためにもクローゼットの中は「見える収納」を心がけます。吊るす場合でも畳む場合でも、扉を開けて何がどこにあるのか「一目瞭然」の状態が理想です。

夏と冬でクローゼットの中身を入れ替えるのもおすすめです。入れ替えることで「あぁ減らさないとしんどいなぁ」と実感でき、前の年に着ていないものがあったら、「着る?着ない?」と考えるいい機会にもなります。反対に「あぁ、あなたにまた会えてうれしい!」と、気分が上がる発見も。あるいは「あらサイズが合わなくなった、やばい!」という自制も効きます。

私は高校生のときの洋服をまだ着ているタイプですが、ファッショニスタの夫は、安くてもちょこちょこと新しいものを迎えています。だから夫のクローゼットは私と比べて活き活きとしている。物量をキープしながら、ときどき新しい風を入れるとクローゼットが楽しくなります。

アイテムと色別で見える化すると
コーディネートもしやすくなる

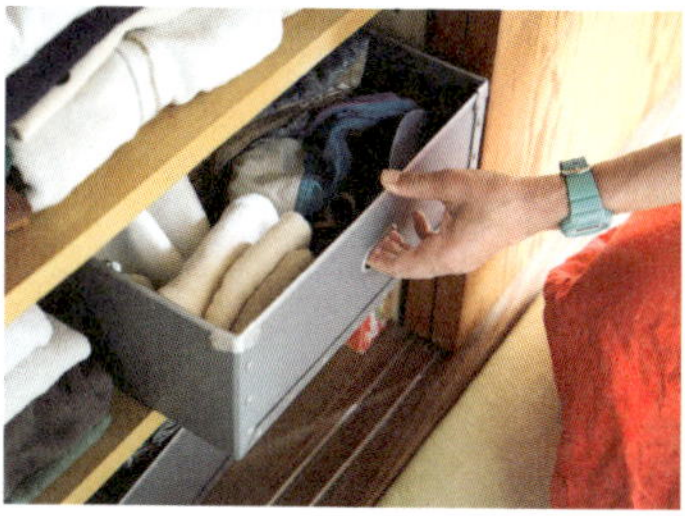

↓

↓

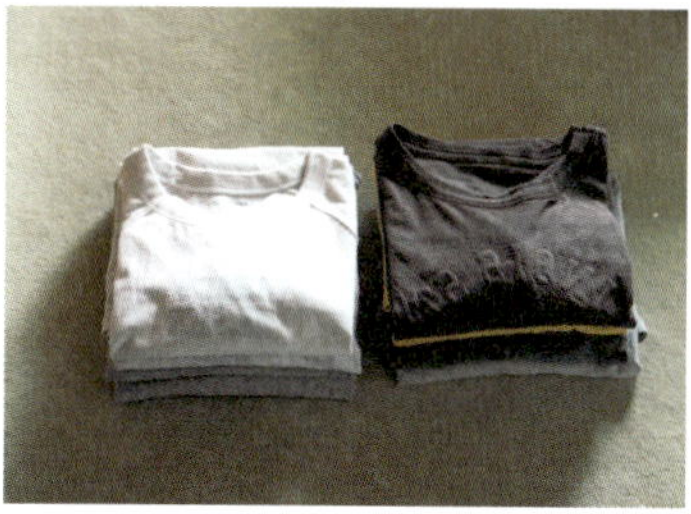

右：Tシャツやシャツ、パンツは、棚の奥行きに合わせて畳み、重ねて収納。奥行きが30cm程度の浅い棚に1列に並べるのが理想です。棚板を多めに設置すると、より仕分けしやすくなります。左：帽子類は引き出せるボックスにまとめて収納。小さく畳んで縦に入れます。

小物

季節物

右：吊るしたいコートなどの季節物やフォーマルなアイテムは、ウォークインクローゼットにカバーをかけて集約。左：夫の帽子コーナーはお手製。キャップはS字フックに吊るし、ニット帽は二つ折りのネットにポンポン入れています。

買い置きしすぎると暮らしが重くなる

洗剤類やソープ類、ティッシュやキッチンペーパー、ラップ、スキンケア用品など、ものを減らすうえで、見落としがちなのが買い置きの量。「買い置き＝備え」ですから、防災関連の備えは必要です。でも、日用品などは備え以上に持つと、当然スペースが取られて管理も大変。何でもかんでも買い置きすると暮らしはどんどん重くなります。

わが家の買い置きは、使用頻度が高いものは在庫が1個。使用頻度が低いものは「そろそろなくなるかな」って頃に買い足すくらい。食材でいつも在庫があるのは、豆類やだし用の乾物、各種茶葉。あとは取り寄せている米類、ワインは在庫管理をしっかりします。うっかり切らして本当に困るものは、実は多くはありません。買い置きはまず、必要なものを見極めることが大切です。

ゴミを出さないように クセづける

わが家のゴミはほとんどが資源ゴミなので、分別をきちんとして出しやすいようにまとめておきます。

生ゴミは畑のコンポストへ。といっても野菜の端材もベジブロスなどにして自分たちの胃に入るので、コンポストには本当に食べられない果物の皮や種くらい。それでも土に還し、野菜の肥料にすればフードロス対策のいい循環に。

賞味期限を忘れがちな備蓄食品は、ローリングストック（回転備蓄）が効果的。おいしいものを選んで普段の食事に組み込むと期限切れがなくなります。

また買い物では簡易パッケージのものを選び、レジ袋は当然もらわないなど、日頃からゴミになるものを持ち込まないように心がけています。ゴミを意識すると自然に間に合わせで買わなくなるので、実は片づけにもつながります。

わが家のフードロス削減術

ヘタなどの野菜くずは密閉袋に入れて冷凍し、ある程度たまったらベジブロス（P163）にします。食べられない部分はトースターに入れてパンと一緒に焼くと、水分が抜けて生ゴミ臭もなく、虫もわきません。その後コンポストに入れて土に還します。

最後は畑のコンポストへ

PART 3

考えずにできる家事の時短術

時間の使い方を見直した「時短」で好きな家事がますます好きになる

家事も仕事も食事も、何でもタイパ（タイムパフォーマンス）と言われる時代。ネットにはさまざまな時短術の情報があふれていますが、タイパ、タイパで生活が雑になれば当然気持ちもすれていき、生活自体が楽しめません。

私が思う「時短」とは、ただ効率を求めるのではなく、自分が大事にしたいこと、やりたいことに時間が使えるように、暮らしのなかのこまごまとしたことに費やしていた時間を見直すこと。決して手抜きではありません。

片づけることで家事が効率よくできて、結果時短になる。またきれいになることでものを使うこと、家事をすることが楽しくなる。これも時短です。

家事も無駄を省きながら手をかけるところはかけ、もうちょっとよくするためにどうしたらいいのか頭を回しましょう。無駄を省くといっても「早い＋お手軽＋安い」では心が貧しいですよね。「かしこく＋効率よく」が理想です。

例えば私が好きな家事は、

・洗濯をして効率よく干す、温かいうちに取り込む、片づける一連の作業
・一週間のメニューを無駄なく組み立てる
・収穫した野菜や食材をおいしく使いきる
・季節の保存食を作る
・夫と週末にする畑仕事

などがあります。どれも市販品や家電などで代用できますが、「作っている自分が好き」「おいしくて安全」「買うより安価」だからやる。「何のために限られた時間を使うのか」、一度考えてみると自分らしい時間の使い方が見えてきます。さらに、料理や食べることが好きだから季節で器を変えたり、季節ごとに新しい野菜に出会えて、去年と違うメニューにトライしたらびっくりするほど上手くいったり、歳を重ねるごとに自分の新しい面に出会えます。

家事を好きになると家事が息抜きになる

設計の仕事は、打ち合わせや現場の立ち合い以外、大半がデスクワーク。私のアトリエは自宅に併設しているので、アイデアや図面に煮詰まったら、ちょっとだけキッチンに逃げたりします。

干ししいたけを戻したり、ねぎを刻んだり、野菜をゆでてみたり。違う頭を使うことで気分転換になってアイデアも湧いてくるんです。ほんの少し夕食の準備が前倒しでき、小さな時間もたまります。

仕事でストレスがたまったときに、家に帰ってコンロを無心で磨き、キャベツをひたすらせん切りにしてスッキリ、なんて人もいますよね。

家事でストレスを解消できれば、暴飲暴食するよりずっと健全。生活にもつながると、自分に言い聞かせています。

ヒノキのまな板は付き合いのある工務店がくれたもの。

嫌いな家事を上手に払拭《ふっしょく》する

掃除が苦手、アイロンがけが面倒、毎日献立を考えるのが苦痛……。誰にでも嫌いな家事はありますよね。嫌いなことには必ず、嫌いになる原因がありま す。まずはその理由を書き出して、ひとつずつ取り除いていきましょう。

嫌いな家事の原因を取り除く

- 床掃除↓ものをどけたり面倒↓床にものを置かない、マットをなくす
- 洗濯↓畳んで片づけるのが面倒↓家族で分担する、収納の配置を見直す
- 毎日の献立を考える↓マンネリしがち↓アウトソーシングを取り入れる
- 洗い物↓シンクにためがち↓そのつど済ませる
- 換気扇の掃除↓見ないフリをする↓プロに任せる、または洗剤を変える

嫌いな理由の多くが「おっくう」「面倒」だから。その理由が「家の中を行ったり来たりしてやる気が失せる」のであれば、必要なものを適切な場所に置けばいいので収納を見直す。というわけです。

「苦手」「時間がない」というなら、家族に頼るのもあり。わが家は洗い物と重たい掃除機を使うのは夫のほうが適任なので夫の担当です。洗濯物の畳み方にもこだわりがあるので、取り込んだものを仕分けして夫に渡します。便利な家電を導入したり、アウトソーシングを上手に活用してもいいと思います。

家事となると全部自分でと抱え込みがちですが、歳を重ねていくと自分の取り巻く状況も変わるので、そのつどベストな方法を見つけて気持ちよく家事を行ってください。

それでも気持ちがのらないときは、「終わらせたらおいしいおやつ」と自分ににんじんをぶら下げるのも案外効果的です（子どもみたいですが……）。

「嫌い」の原因を上手に取り除いて家事ストレスを軽減

料理が苦手なら機能的な道具を取り入れるのもあり。これまで作れなかった料理にも挑戦できてレパートリーが広がります。わが家はバーミックスが来て随分広がりました。

床掃除が面倒ならマットや床置きのものをなくすだけでも掃除しやすくなります。

ひとりで家事を抱え込んでいる人は、家族を巻き込んで上手に分担。誰でも必ず得意なことがあるので、やる気になるように少しずつ任せてみてください。

調理家電、調理道具は使い勝手が最優先

鋳物鍋、圧力鍋、ステンレス鍋、雪平鍋、土鍋……。料理好きという人でありがちなのが、同じような道具をたくさん持っていること。でも、実際のところ全部をきちんと使えている人は少ないはず。

素敵な道具を持つことは料理のモチベーションを上げるひとつの手段ですが、数が多いと収納、お手入れなど、何かと手間が増えます。

調理家電や調理道具は、まず使い勝手がよい（自分と相性がよい）道具に出会うことが大切です。機能的な道具があると料理の幅が広がり、厳選することで省スペース化も可能。さらにシンプルで見た目のよいデザインなら気持ちも上がります。

わが家の使える愛用品

・ステンレスの多層鍋↓重ねられる＋オーブン調理＋保温調理＋軽量＋丈夫で手入れがラク
・ハンドミキサー↓鍋などで直接使える＋パーツが少ない＋省スペース
・炭酸水マシーン↓コンセント不要＋ペットボトルのゴミ削減＋経済的

ステンレスの多層鍋は同シリーズをサイズ違いで持っていて、収納がコンパクト。ふたがフラットなので調理中のものを重ねることができ、複数の料理の同時進行が可能。オーブンにも使えて保温調理もできるのでかなりハードに使っています。この鍋に出会ったことで料理の時短が格段にアップしました。

調理道具は日々進化し、新しいアイテムが次々にリリースされていますが、使い捨てるものではないので流行りというだけで飛びつくのはキケン（結果、棚に眠るから）。よく作るレシピや時間の使い方、作ってみたい料理など、自分が本当に便利で必要だと思えるものを厳選してください。

右から、水分が出にくい大根突き。おいしくおろせる銅製のおろし金。混ぜやすくこそげ取りやすいスパチュラ。計量スプーンは栄養計算が必要なわが家にマスト。ワイド幅のピーラー。

使える愛用品

右：ごはん炊き用の土鍋。破損したふたを金継ぎして使用中。左：クリステルのステンレス多層鍋は15年以上愛用。無水調理、炒める、揚げる、煮る、蒸す、オーブン調理とオールマイティー。

右上：炭酸水が手軽に作れるソーダストリーム。これでペットボトルのゴミ問題が解決。左上：ボウルでも鍋の中でも使えるバーミックスのハンドブレンダー。右下：開封したワインボトルの保存に使用するワインセーバーは私の必需品。左下：ひと目ぼれした作家もののやかん。使うほどに風格が増しています。

あらゆることを同時進行して時間をためる

洗濯機を回している間に掃除機をかける。カレーを煮込んでいる間にサラダを作る。一石二鳥の「同時進行」は時間にケチな私のキーワード。いろいろなところで同時進行させると、小さな時間がたまって大きな時間になります。

同時進行は特別なワザではありません。例えば、先ほどの洗濯機を回す+掃除機をかける間に、お湯を沸かしたり豆腐の水きりをしたり、ほったらかしOKの家事を上手く組み合わせると、ふたつ以上の同時進行が可能になります。すべて手作業にこだわる必要はないので、食洗機や炊飯器(タイマー予約も可能)を使っている人は、同時進行できることはさらに増えます。

夜寝ている間や外出時にもできる同時進行はありります。ほったらかしのなかでも、火を使わずに（見守る必要がなく）時間をかけたほうがいい作業です。例えば、汚れもののつけ置き洗い、洗濯物の室内干し、干し野菜、お茶やコーヒー、紅茶の水出し、だしの抽出、長時間の漬け込み調理、瓶詰めなどの季節の仕込みもの、パンのオーバーナイト発酵……などなど。無意識に行っていることが、実は同時進行になっていることもたくさんあります。

少しだけ意識して同時進行を積み重ねていくと、ちょうどよいタイミングで終わったときに、「よし！」と達成感を得られてうれしくなります。上手くいかないときには少しやり方を変えたり、ゲーム感覚で楽しめるのもいいところ。

あらゆることを同時進行するには、少し先を読み、段取りよく仕込んでいく想像力が必要です。その日だけでなく翌日、翌々日、その週のこと、さらには翌週のことも見据えて組み込めると、家事が驚くくらいぐるぐる回って面白くなります。

同時進行でできること

・保温調理、余熱調理
・1つの鍋やオーブンで複数調理
・昆布やしいたけでだしを取る
・豆腐の水きり、漬け込み調理
・洗濯機を回す、洗濯物を干して乾かす
・つけ置き洗い
・浴槽にお湯を張る
・野菜を干す

余熱・保温調理

P92のクリステルの鍋はふたと底がフラットなので、調理途中の鍋を上にのせられて数日分の下ごしらえが同時にできます。例えば下が翌日のホワイトソース、上が当日のみそ汁です。

だしを取る

昆布やしいたけを水に浸して冷蔵庫に置けば、あとは時間がおいしくしてくれるだし。外出時でも就寝中でも安心して放っておけます。

洗濯

洗濯機を回しているとき、干して乾かしているとき（乾燥機でも）は、ほったらかしが可能。長めに時間が取れるので、いろいろなことができる。

毎日の食事の支度は段取りが命

わが家では腎臓が悪い夫の食事の支度が必須なので、外食の予定が入っている日以外の夕食は、夫と一緒にと決めています。「疲れているから今日は無理！」と言えないこともあり、夕食の支度は段取りが大事。
仕事のスケジュールと照らし合わせながら、夕食の時間に間に合うように逆算し、いろいろなことを段取りしておきます。

私の段取り術

①1～2週間分の献立を考えてメニューリストを作る
②リストに合わせて食材を手配する
③タイトだとわかっている日は、パルシステムのイージーなものにしたり、

温めるだけのスープや煮込みを用意しておく
④メニューに合わせて数日前から下ごしらえをちょこちょこ行う
⑤献立に合わせて前日から器を用意しておく
⑥ランチョンマットを敷いておく

もともと絶対にサボれないから始めたことですが、これが結構、時短にも時間のやりくりにも役立っています。

例えば献立リストを作っておくと、事前に食材を手配できて少しずつ前倒しの作業が可能です。煮込み料理は冷める過程で味が入るので数日前からちょっとずつ火にかけて、保温調理を取り入れながら作ると手軽においしくなります。

また、せっかく準備万端にしておいても、出し忘れの一品があったら意味がないので、メニュー分の器を出しておいて、うっかりを防ぎます。

ポイントは、自分も含め家族の予定とすり合わせること。そのなかで支度の時間を確保し、前倒せるところは前倒すと、さらにゆとりが生まれます。

先回りで時短

P98のようにちょっとずつ前倒しして下ごしらえを進めていくと、料理の支度がかなりラクになります。食卓も日中の手が空いているときに、夕食のランチョンマットとコースターをささっとセッティングしておきます。

夕食の片づけが済んだら、翌日の献立リストを見ながら食器とカトラリー、グラスを選び、そのまま棚下の作業台に出しておきます。こうすると出し忘れの一品もなくなります。

＼ 食器は事前に準備 ／

おいしいストックで安心

右はヤマモリのエスニックカレーのレトルト。味がバラエティに富んでいて飽きません。左は郵便局の頒布会のレトルト。ステーキとビーフシチューというリッチなラインナップです。防災食としてレトルトもストックします。

右：右はエストニア土産でもらったドライフード。キヌアや野菜、きのこ入りで、訳すのに時間がかかりました。左はお湯を注ぐだけでOKのクノールのクリーミークレソンスープ。左：冷凍庫にいくつか入れてあるパルシステムのイージーな調理済み食材。

冷蔵庫の中を見てメニューを決めるのは時間も食材も無駄になる

「今日の夕食何にしよう？」。冷蔵庫の中を見ながら献立を考えてパパッと文度できる人は、かなりの料理上級者。でも、「う〜ん」と悩んだり、食材を上手に使いきれていない人は、1週間分の献立リストを試してみてください。

1週間献立のメリット

- 「今日何にしよう」と悩まなくなる
- 書き出すことでメニューの偏りが防げる
- 必要な食材が一目瞭然。使う分だけ購入でき、買い忘れも防げる
- 冷蔵庫に無駄な食材がなくなる
- その週のランチ計画がかぶらなくてすむ

・下ごしらえや作る順番をシミュレーションできる

1週間分のメニューを考えておけば、毎日悩まず必要なものを事前にそろえることができます。つまり、冷蔵庫の中には必要な分だけ。リストに沿って使っていけばいいので、「賞味期限が切れていた」とか「使い忘れていた」といった残念な食材がなくなります。

最初は献立を考えるのが大変かもしれませんが、慣れると案外楽しいもの。わが家の場合は畑の野菜もあるので、ひとつの野菜を飽きないように組み込みやすく、味のバランスも取りやすいです。

時短にも節約にもなり、さらにフードロスも減らせて、私にとってはいいことづくめ。最近は母上と一緒にパルシステムという生協の宅配を導入して、より段取りがスムーズになりました。

献立は冷蔵庫の食材の管理にもなるので、1週間が難しい場合は3日分など買い出しのタイミングで考えるのもおすすめです。

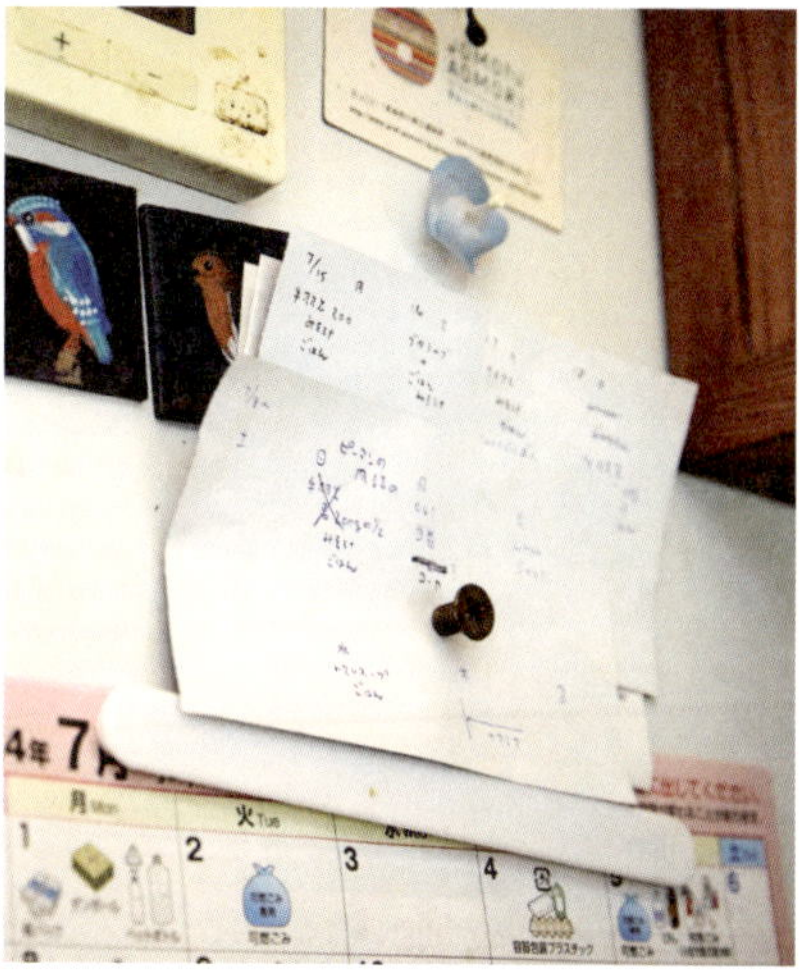

冷蔵庫にある食材リストとともに、前の週の献立も見比べながらメニューのバランスを考えます。スケジュール帳を見てタイトな日はレトルトなどを組み込み、予定が入っている日は、夫の分を準備してから出かけます。献立リストを作ったら冷蔵庫の側面に貼って確実に実行します。

シミュレーションで効率アップ！

例えば洗濯物は、しまう場所別に区分けして干して畳み、片づける順に重ねて歩きながら上から順番にしまっていく。しまう動線をシミュレーションすると、干し方や畳み方も変わります。

外出時は、帰宅後に何をやるのか電車の中でシミュレーションします。玄関のドアを開けてから、着替えて鍋を火にかけ、洗濯物を取り込んで……と、すべきことを思い浮かべて頭の中で段取っておくと、テンパらずに済みます。でも、時間がないときに限って宅配便が来たり、何かを床にぶちまけてしまったり。邪魔が入って総崩れ！　なんてこともよくあること。そういうときは、「床拭きスポーツ」「片づけスポーツ」「これでちょっとだけカロリーオフ！」と、ポジティブに気持ちを切り替えて前に進みます。

掃除はちょこちょこを習慣に、ため込まなければ面倒にならない

よく「家事はまとめて一気にやる」という人がいますが、実はこれが家事を面倒に感じさせる原因のひとつ。「一気にやったほうが早い」というけれど、ため込んだ量が減ることはないし、同じだけ時間はかかる。一度手を止めると再び取りかかるのに気合いが必要で「あぁ、面倒」となるわけです。ましてや週末を家事でつぶすなんてもったいない！

わが家では換気扇の掃除だけ、年に数回「よっしゃぁ！」と思う気候の日に気合いを入れて取りかかりますが、トイレや洗面台、お風呂、キッチン周りは、使うたびに掃除します。流れでそのつど行うようにクセづけ、ひとつずつ完結させたほうが実は効率がよく、気持ちもラクです。

ちょこちょこ掃除しておけば、年末の大掃除も必要ありません。

右：調理中の隙間時間に、使い終わったレモンの皮でシンクを磨いたり。キッチンに立っている間にちょこちょこやっておくと水あかがたまりません。左：寝る前にキッチンで使った布物で台や床を拭いて、風呂の残り湯につけ置きます。翌朝布を取り出してから、浴槽と浴室の壁をきれいに拭きます。

洗い物やシンクの掃除、洗面台や浴槽で使っているのは、母上が編んでくれたアクリルたわし。お湯で洗えば洗剤は不要です。毎日使って毎日洗濯します。

PART 4

暮らしに寄り添う 個人住宅に 魅了される

PART 4

愛にあふれる家族と暮らしながらちょっと違うことを知った幼少期

母はイギリス人、父は日本人。アメリカで結婚した両親が父の故郷、大阪に居を構え、私が生まれました。2歳の頃に父が徳島大学に生化学の研究室を持つことになって徳島県徳島市へ移住。18歳で東京に上京するまで徳島で過ごしたので、徳島は私の故郷です。

すごく田舎という街ではないけれど、山があって吉野川があって海も案外近くて、人も街ものんびりと朗らかな場所に住んでいました。4つ上の姉と2つ上の兄がいる三兄弟の末っ子で、家族5人のほかに犬や猫も家族でした。

当時の徳島では外国人がまだめずらしかったから、母と街を歩いていると振り返られることもしばしば。なかにはすれ違うときに「ハロー」ってからかう人もいて……幼心にわが家はほかの家とは何か違うと感じていました。

母が日本語をすべて理解していたわけではないので小学生の頃はいつも不安でしたが、学校には友達がいっぱいいて学校に通うのは大好きでした。自宅の庭で育てた花を学校に行くときに母が持たせてくれて、先生が「こんなふうにクラスを自分の家みたいに思うのは素敵ね」と言って、教壇に花を生けてくれたときはうれしかったな。周囲から好奇の目で見られるのは嫌だったけれど、少しずつ人と違うことが誇らしくなっていきました。

幼少期の三兄弟。姉とは友達みたいに仲がよく、今では愛情深かった母のように感じています。姉も兄も双方素敵な人と結婚して、かわいい甥や姪がいてよい家族に恵まれています。

私を「天使」と呼んだ愛情深い母親に救われた日々

父は大学に自分の研究室を持ち、母は英語の論文訂正を自宅でしていた教養人。父は自分勝手だけれどユーモアがあり、憎めないチャーミングな部分がありました。母は何よりも家族を大事にする愛にあふれる人。人には慈悲深く自分には厳しくて決して泣き言を言わず、ユーモアが大好きでした。どちらもとても尊敬しています。小学1年生のとき、家庭訪問で担任の先生が来て母に「ナオミちゃんはおうちではどうですか？」と聞いて、「天使さんです」と母は笑顔で答えました。恥ずかしかったけどうれしくて……。そのときから「私は母の天使なんだ！」と、心の応援になっています。

外で嫌なことがあっても、家に帰れば自分を全面的に応援してくれる家族がいる。そう思うと不安や悩みを抱えることは、ほとんどありませんでした。

家族の温かな愛に包まれて過ごした幼少期。何より愛を伝えることを大切にしていた家族とはずっと手紙のやり取りをしていました。私が社会人になってからの母の手紙には必ず「Don't work too hard!（仕事を頑張りすぎないように）」とメッセージが。私がどこか遊びに行くときにいつも晴天で追い風なのは、没頭しすぎる私を心配していた母が「休日を楽しんで」と言っているように感じるので、今も手帳に挟んでお守りのように持ち歩いています。

PART 4

幼少期に身についた、今につながる質素な暮らし

母は料理上手で、シェパーズパイ（イギリスのミートパイ）やソーセージロール、おやつのビクトリアンケーキ、ブラウニー、フルーツケーキなどは思い出の味。こんなふうに書くとどんなに素敵な食卓かと思うかもしれませんが、母は料理に時間をかけるのはいけないことだと思っていたので、通常は簡素でした（イギリスの知識層では食にうつつを抜かすのは下品だという考え方があり、聖公会のクリスチャンで禁欲的なのです）。

お誕生日は当日に「おめでとう！」と言葉をかけ、クリスマスは必ず家族で過ごす。いつも何を食べるのかが大事なのではなく、「誰と何を話すのか」が大事で、イベントではプレゼントが問題じゃなくて「愛」を伝えることが大事だと教えられてきました。それは私のベーシックになっています。

もちろん食事も家族一緒に。みんながそろってからお祈りをして「いただきます」と言ってから食べ始め、食事が終われば「ごちそうさま」と言ってみんなで片づけるのが、私にとって家族の食卓でした。

両親はクリスチャンで必要なものにはきちんとお金をかけるけれど、決してぜいたくはせず、暮らしは質素。今思い返せば当時の住まいやインテリアは、お世辞にもおしゃれとは言えなかったけれど、両親にとっての身の丈だったと思います。だから反面教師で、住宅や建築の方向に進むことにしたのだと思うけど……。

私が小学校高学年のときに新築で住宅を建てましたが、今考えるとプランも普請も粗末で、いいものではなかった。家族が仲良しで温かな家庭だったから、その時代は何の不自由も不満もなかったけれど、建築の世界に入ってからは、「私だったらこう創るのに」と思っていました。

アートが好きで東京の美大へ。都会という場所を謳歌する

高校の授業選択の際に音楽か美術の二択を迫られ、現実的に将来仕事になるのかを考えて美術を選択。その流れで部活も美術部に所属しました。

その美術部の先輩が東京の美大に行ったことが私の道しるべになりました。彼女はテキスタイル科の助手をしていて、長期休暇のたびに高校に遊びに来てくれました。おしゃれでカッコよくて、そのうえ人格者。憧れの彼女を通して美術にまつわる仕事がいろいろあることを知り、私も東京の同じ大学へ進学することを決めました。上京してからも非常にお世話になり、今でも素敵な関係が続いています。ちなみに、彼女は徳島県の上勝町で藍染を研究をしたり、相変わらずカッコよく歳を重ねています。

家族と暮らす生活そのものが好きだったから、造形科でインテリアを学ぶこ

とにしましたが、最初は本当にぼんやりと「インテリア方向かな?」と思ったくらいで、具体的に何がしたいとか強い意志はなかった。ましてや将来、住宅設計者になるなんて思ってもいませんでした。

1年生のときは寮に入り、今でも各方面で活躍する友人と出会えたのは人生の宝物。そんな仲間と22時の門限に駆け込むように遊んでいたのはいい思い出です。夜な夜な新宿のツバキハウスや六本木の玉椿(当時流行っていたディスコ)に入り浸り、「東京」を満喫しておりました。

2年生の頃は学校が終わると、渋谷の洋服屋さんでアルバイト。寮も出て友達と暮らしながら夜な夜なカッコいい大人たちにまみれて、西麻布や青山を満喫していました。美大は徳島では出会わないようなさまざまなスタイルの人たちがいてとても刺激的でしたね。今振り返ると大学生活は、東京に来た足がかりみたいな位置なのかもしれません。

PART 4

インテリア事務所へ就職後、現実に直面して建築士を目指す

大学卒業後は、キッチンや家具の設計・製作・施行をするインテリア事務所に就職。既製品のキッチンをレイアウトしたり家具の図面を描いたりしていましたが、こんなことをするために東京に来たのかと、しっくりこない日々。毎日の仕事がクリエイティブではないと感じたし、どうも周囲の空気感ともなじめない。でもキッチンのディテールや家具図を描くスキルだけは上がりました。

仕事人として受け入れてもらうためには、胸を張れる何かが必要。ちょうど、現場をいくつも見ているなかで、「もっと総合的に住まいに関わる仕事がしたい」と思っていたこともあり、まず「二級建築士の資格を取ろう」と、夜間学校に通い始めました。

独立後に自分で設計した自宅にはアトリエを併設。仕事場と生活の場を近くしたことで生活がとっても効率的になりました。現在は棚のカタログや資料をデータ化して断捨離を決行中。

学校にはいろんな立場の人が来ていたのですが、唯一存在したおしゃれな女性が、ラッキーなことにインテリアデザイン協会の要人で、彼女が親切に協会に属するインテリアデザイン事務所の所長を紹介してくださり転職することに。その事務所は住宅を任せられる人材を探していて、私が入ることで住宅建築を請け負うことができるということで、ピッタリだと思いました。

所長は大変やり手で、いろんな富裕層の住宅を受注していたので（時代はバブル全盛期！）、住宅を設計することがすごく楽しかった（時に著名な会社の社長宅とかね）。

個人住宅だけでなく、今でいうヴィンテージマンションのスケルトンリフォーム（骨組みだけ残してプランや設備を一新するリフォーム）をたくさん手がけることができたのは素晴らしい経験です（広尾ガーデンヒルズや広尾ホームズなど）。

バブル時代だから使える面白い素材も今よりずっとたくさんあり、香港に買いつけに行くこともありました。事務所は青山・広尾で環境も抜群。所長にもかわいがってもらって居心地がよく、ほぼ10年在籍しました。今でもその所長とはランチをしたり、よいお付き合いをしています。

それでもやっぱり現場に行くと、若い女の子が来ているとしか思われないし、みんなが所長に向かって話をするのが悔しかった。建築業界は男社会で、時代は昭和ですからね。

自分の表現をしたかったのだと思いますが、今振り返ってみると非常に生意気で勘違い。契約して責務を負うってことがどれだけ大変かわかっておりませんでした。若いって恥ずかしいですね。

働きながら夜間学校に通っていた頃は、大変だったけどすごく楽しかった。大人になって初めて自分で勉強したいと思ったことだったから、スポンジみたいにどんどん吸い込んで、成長している実感がありました。

二級建築士でも相当なものを創ることができるけれど、一級建築士のほうが社会的に認められる（特に女性は）。そこで、一級建築士の資格を取ると決めて再びチャレンジしました。

同じように仕事終わりに学校に通っていましたが、その頃は結婚前の夫が学校まで迎えに来てくれたり、すごく応援してくれたのでありがたかったです。カロリーメイトを電車のホームでかじりながら、寒い日も遅い夜も休まず通っていたのだから、今では考えられない頑張りです。

当時の建築家といえば、理工系か工学系の大学の建築学科を出ているのが一般的でした。建築家を目指すくらいだから、それまでにたくさんの有名建築を見てきて、学生でも明確なビジョンを持っている。その点私は、畑違いの美大卒で社会人になってからのたたき上げ。周りと比べるとかなり遅いスタートだったので、そのぶんかなり出遅れておりました。

遅いスタートでも
コツコツ努力すれば夢はかなう！

27歳で一級建築士の資格を取得。建築士の仕事の面白さを知る

一級建築士の資格を取得したことで、ようやく現場での対応も変わり、社会的に認められてうれしかったです。何より管理建築士という立場は総合的に設計を考えられる。もちろん責任も伴うけれど、自分で指揮を取る楽しさを初めて知りました。

自分と価値観が近い住み手の個人住宅を創りたいと思ったのもこの頃です。富裕層の人たちの住宅設計も素晴らしい経験だったけれど、自分のライフスタイルとはかけ離れている。もっと住み手と近いところで仕事がしたいと、個人的に依頼された住宅設計を事務所に持ち込みました。それが住宅設計の面白さにはまったきっかけになります。

住み手は富裕層ではなく、私のライフスタイルを反映できる、同じような暮

らしをしている人。価値観が同じだからこそ「身の丈の住宅」を住み手と一緒に創ることができる。これは天職だ！　と心が躍りました。

居心地のいい住宅を創るには、住み手の好みだけではなく、何をしているときが楽しくて、どんなときに幸せに感じるのか、そしてその家で何をしたいのか、ライフスタイルや人生設計を深く知る必要があります。

1日の行動から好きな家事、嫌いな家事、その理由まで、お天気の話以上にその人の人生にぐんぐん入っていくので、関係性も深くなります。それが自分にはいちばんしっくりくる向き合い方でした。

どんな暮らしがしたいか一緒にヴィジョンを描き、オーケストラのように、住み手と施工者である作り手とチームで創る楽しさも、個人住宅ならでは。

人の暮らしは十人十色。ひとつとして同じ住宅は生まれません。だから面白いのです。

PART 4

仕事が楽しくなるほど、自分の暮らしのゆとりが遠のく違和感

その後、かわいがっていただいたインテリアの事務所を卒業してアトリエ系の建築設計事務所に移り、事務所に自転車で通える距離に引っ越して、朝早くから夜遅くまで働きまくっていました。

アトリエ事務所というのは、昼も夜も所長の奥様の手料理で一緒に食事をしたりして、家族みたいに集って昼夜働きます。それはそれでとても勉強になる濃い日々でしたが、夜が遅くなるのでみんなが朝出てくるのは10時頃。所長が顔を出すのは昼過ぎだから、どうしたって早くは帰れない。時間できっちり区切れる仕事ではないから仕方のないことですが、かなりタイトでした。

私は29歳で結婚していて、夫と晩ごはんを一緒に食べたいから早く帰りたい。そこで、仕事がきちんとできていればいいだろうと、勝手にフレックスに。朝

早く出社し、夜は9時頃に「お先に！」と、逃げるように帰宅していました。そもそも、夜の9時でお先にっていうのもフレックスではないし、無茶な生活でしたね……。

豊かな暮らしをクリエイトする仕事なのに、私自身は夜遅くに帰ってから冷えた洗濯物を取り込み、間に合わせで慌てて作ったごはんを食べるような生活。時間の比率が仕事＞プライベートだから生活を楽しむなんて余裕もない。

住み手が豊かに暮らせる住宅を創りたいという想いが強くなるほど、自分がちゃんとお日様とともに生活していないのは「おかしくない？」と、違和感を覚えたのもこの頃です。

私のライフスタイルを反映できる「身の丈の住宅」を創ることに喜びを感じていたはずなのに、私の暮らしの現実は理想とはほど遠い。このままじゃ仕事が楽しくなくなるなと考えて独立することにしました。

36歳で独立し、個人事務所を設立。同じ目線でクライアントと向き合う

最初の事務所は、所長がインテリアデザイナーで上質な材料を上手に使ってきれいなデザインをする事務所でした。給料も年々高くなって、所長もかわいがってくれて居心地はよかったけど、時代は「住宅作家」が建築誌を眩しいくらいに埋めていて、私も創るものに「哲学」が欲しくなり、アトリエ系と言われる建築家の設計事務所に移りました。

建築家である所長は志が高く、社会に自分ができることを常に探求して実践していました。その事務所では住宅を任せられる人として迎えられたので面白いクライアントの住宅をたくさん担当させてもらい、すごく勉強になりました。給料は下がり時間もタイトだったけれど、とても意味のある経験でした。

しかしながら事務所に属している限りは、たとえ設計を手がけたとしても私

の名義では世に出ることはないし、最後の最後まで責任を取ることもできない。関わった住宅の面倒を建物が朽ちるまで見たいと思ったから、36歳で独立を決意しました。

もうひとつ、「身の丈の住宅」を手がけるためにも、お日様とともに生活し、洗濯物がほかほかのうちに取り込めるような1日を取り戻したかったのも大きな理由です。

晴れて個人事業主となり、自分のアトリエを設立。店舗やオフィスなどあらゆる建築があるなかで、私は個人の顔が見える住宅建築が創りたかった。故に今も昔も住宅以外（併用住宅は除く）は受けておりません。

住宅設計者、田中ナオミとして同じ目線でクライアントと向き合えるようになり、とても健やかで素直な仕事の仕方ができるようになりました。

自邸の二世帯住宅からスタートして友人の住宅を創ったりしているうちに雑誌に取り上げられる機会があり、依頼が増えてとても順調なスタートでした。

PART 4

入院をきっかけに、クライアントとの関係性を見つめ直す

独立してから40代前半までは、夢中で依頼を受けていました。常に10軒くらいが同時進行していて、とにかく忙しかった。ありがたいことですが、なかには自分と価値観の合わない人も出てくるわけで、でも忙しいなかでそれを見極めることができなくなっていました。

「合わないなぁ」と思いつつ、一生懸命接していれば必ずわかり合えるだろうと頑張ってはみたもののズレは広がるばかり。最終的に糸がどんどん絡まって、喜ばれていない住宅になってしまったことがありました。

私に原因があるんじゃないかと悩んで鬱《うつ》のようになった頃、おなかにしこりを発見。病院の検査で子宮筋腫だとわかりました。

それまでも貧血で倒れそうになったり、生理のときにもいろんな不調があっ

たけれど、だましだまし仕事に没頭していた結果がこれ。夫が大きな病院に連れて行ってくれて手術することになったんです。

一週間の入院が必要になって、強制的に仕事を止めざるを得なくなり完全休養。その一週間で嘘のように元気が蘇ってきて体も心も元通りになりました。今振り返ると、生理不調で鉄分が激減していて思考能力が停止していたんですね。今と違って色白だったと思います。一回立ち止まって自分をフカンで見ることができたことで気持ちもラクになりました。

そこから仕事へのスタンスが大きく変わりました。住宅を創るというプロセスは時間もかかるし大きな費用が動くから、同じ方向を向いて価値観を共有できる人でないと、お互いが不幸になります。みんながハッピーになるように、「誰の仕事でもできると思わない」「価値観が合わない人とは合わないと認める」「一緒に笑えない人の仕事は受けない」と、仕事のルールを設けました。

その後は自分のペースで働けるようになり、クライアントとの関係性は極めて良好。住み手の笑顔が私の毎日の元気の源になっています。

PART 4

家はあくまで背景。やっぱり、個人住宅は楽しい！

生活することが大好きな自分の生活が、そのまま仕事に生かせるなんて素敵ですよね。独立してからこれまでに90軒以上の住宅を手がけ、何百人もの住み手の暮らしをヒアリングしてきましたが、全部違って全部濃い。それぞれにドラマがあって毎度夢中になっています。

そのなかで私が大切にしていることは、「住み手の背景」を創ること。

「住宅はあくまで背景で道具、主役は人とそこで営まれる暮らし」です。

だから、「どんな住宅を創っていますか？」と聞かれれば、「スタイルを持たないスタイルです」と答えています。

私が前に出るのではなくて住む人の人生を落とし込み、住み手が活き活きと映るような使える空間を提案するのが私の役目。そしてその住宅があることで街がちょっと楽しく元気になる。そんな社会や環境にもやさしい住宅を創りたいと日々向き合っています。

彼らが上手に住宅という道具をぐるぐる使い始めたら、設計者の存在は忘れる。それが理想です。だって私が手がける住宅は作品ではないから。

もちろん、私自身が楽しいことも大事。そうじゃないと絶対に楽しい住宅にはなりません（断言できる！）。だから自分が違うと思ったことは、住み手の要望でもそのまま受け入れず、よりよい方向を一緒に探します。

不本意な要望をそのまま形にして「田中さんの言うことを聞いておけばよかった」なんて結果にはしたくないですからね。

住み手とは関係性が深くなるので、先にもお話ししたように、価値観を共有できることが大前提。美意識や見ている方向性も、ズレが生じるとよい結果にならないから、依頼を受ける前に判断しています。

20年前からブログを続けている理由もそのひとつです。私の好きなもの、暮らしぶりを綴って毎日更新していますが、私的なものではなくあくまで私が住宅を創るうえで大切にしていることを発信するためのツール。価値観を共有できる人に向けてアンテナを出しています。

「ブログに共感した人」＝「同じ方向を向ける人」なので、自然に依頼者側も精査できます。

昔は「住宅建築設計とは高尚なもの」という空気があり、建築家は美しい空間、造形を作る存在で、建築家のなかでは生活感のある住宅は嫌悪されることもありました。

でも時代とともに、「もっと生活を真ん中に置いた住宅を創っていいんじゃないか」とライフスタイルがクローズアップされるようになり、建築家が創る

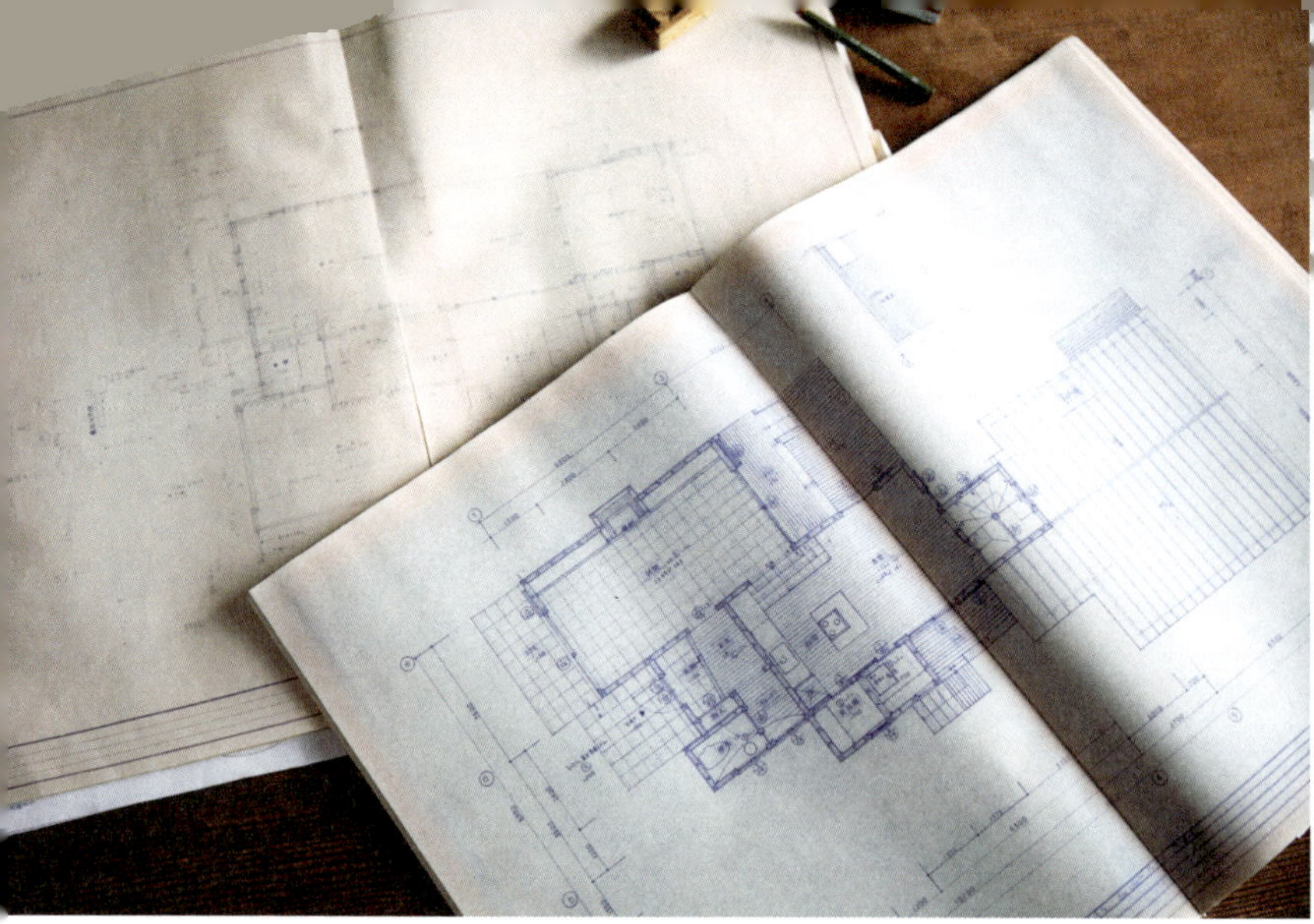

事務所時代に手がけた住宅の図面と、独立初期に手がけた住宅の写真。ものを見せることが上手な住み手の個性を生かし、見せて使える棚を設計しました。

仕事に欠かせない七つ道具。仕事のやり取りはメールになりましたが、スケジュール管理は相変わらず手書き派。夫が作った手帳が欠かせません。電卓や5mのスケールを持ち歩くのは設計士ならでは。

住宅は敷居が高いと思っていた市井の人たちが、建築家（住宅作家）に頼むことが一般的になっていきました。

そうしたなかでも、私は建築家ではなく住宅設計者で、クライアントと同じ目線で対話ができる町医者的なポジションだと思っています。身の丈を大切にしてきた私だから創ることができる住宅がある。そういう確信があります。

私のブログを見て、畑ライフに共感する人が畑を始めてみたいといらしたり、食べることが好きな人がキッチンを中心にした住宅を創りたいと依頼してきたり……。

私の身の丈の暮らしと住み手の暮らしが、住宅を通してつながるのは何よりの喜びです。やっぱり私は、住宅という形を創りたいんじゃなくて「魅力的な人」と「暮らし」に会いたいんだって思います。

最近はシニア世代の住宅を手がけることが増えてきました。私と同じ60代から80代まで。若い世代とは異なって、平屋などに小さく建て替えて終の棲家に。

セカンドステージのお手伝いは、自分と重なる部分が多くて楽しいです。

例えば、子どもが巣立ち夫婦ふたり暮らしの60代の夫婦は、子ども部屋をなくして2階家を平屋にダウンサイジング。壁をなくして大きな空間にして、友人たちが集いやすい空間に。自分たちで庭をいちから創り、育てる楽しみも満喫しています。シニア世代ではバリアフリーや温熱・空気環境の整備もマストで、もしものときの備えもしっかりしています。

世代によって備えるものは変わりますが、それぞれの家族にそれぞれの形。住宅の在り方は変わりません。

これまでに手がけた住宅

都賀の住宅

「娘は母親の背中に相談するから、背中を見せられる住宅を創ってください」と、住み手から言われたのがスタートです。そういうひと言が私のクリエイションの要になります。

蓮田の住宅

犬と自転車と一緒に住む土間の住宅です。土間には地熱利用をした床暖房を敷き込んでいます。必要なものと必要じゃないものを明解に判断して予算削減とやりたいことの濃い実現化をみんなで一緒に行いました。

船橋の住宅

猫と暮らす住宅です。共働きの忙しい住み手は日中が不在になるため、猫と洗濯物のための心地よい陽だまりを創ったり、忙しいからこそ帰って来たときに守られる居心地を考えました。

葉山の住宅

「命が尽きるときまで台所に立ちたい」と言う、ていねいにだしをひく暮らしをされる方の住宅。コンパクトな台所に立つ姿が一番素敵に見えるように考えました。虫が苦手な住み手のためにラナイも併設。

＊撮影はすべて石井雅弘アトリエ

PART 5

価値観を
大切にした暮らしが
人生を豊かにする

暮らしの軸を明確にして心地よく暮らす

私の暮らしの軸は、家族です。徳島から東京に出てきたときには、ホームシックになったほど家族が大好き。だから夫と結婚する際には、「結婚するってことはお嫁に行くのではなく、家族が増えるってことなんだ」と考えました。夫の両親と暮らす二世帯住宅を創る際も、ひとつ屋根の下で「家族」＝「家」＋「そこに属する人たち」が暮らす住宅にしようと設計しました。

時間軸が違うから1階を両親、2階を私たち夫婦と生活エリアをかっちり分けたけれど、家族アパートにしたくはなかったので、いろんな場所で光や風や気配を共有できるように考えました。

間接的な部分で関係性を持たせることで、つかず離れず、ノックして訪ねるような礼節のある大人の関係を築いています。

私が住宅を設計するときは、住み手のライフスタイルを共有することから始めます。そのなかで必ず「生活のなかで大事なことは何ですか？」と質問します。最初はみなさん、言い逃したらいけないと思うらしく、いろんな要望を出してこられますが、実際に必要な核はひとつです。それは玉ねぎの形を想像していただくと分かりやすいのですが、外から順番に皮をむいて最後に残る芯の部分、それが「家族が健康でハッピーである」ということで、そこは誰もが同じです。いろんなフリルやレースがくっついていても、結局、住宅では単純にそこがいちばん大事なんです。

「家族（暮らす人）が健康でハッピーでいることが核なんだ」という共有認識が持てたら、あとはシンプルです。そのうえでそれぞれの住み手の個性や環境、費用を鑑みながら打ち合わせを重ねて創っていきます。

ですから、ここまでお話ししてきた片づけも家事も、核＝軸の部分がブレないように考えていくことが大切です。

住宅はひとつ屋根の下で家族が暮らしを営む場

2階の廊下の床の一部を強化ガラスにして、日中は2階の天窓から下の1階に光を落とし、夜は1階のあかりが2階のフットライト代わりに。2階と1階の暮らしをさりげなく結ぶ造りに。

1階と2階は吹き抜けでもつながっていて、2階の室内窓から階下の母上の気配が伝わってきます。大きな窓を通して光と風も共有でき、晩ごはんの匂いも届きます。母上は私以上に生活を楽しむ人。階段にあられ用のおもちを陰干ししたり、こまめに庭作業をしたり、いい距離感で母上の暮らしとお付き合いしています。

PART 5

積み重ねた先にある豊かな暮らし

好きなことが自由にできると、気持ちが前向きになり、生活することが楽しくなります。私の場合は、おいしいものを食べて夫や友人とお酒を飲んで過ごす時間が何より幸せ。一方で60代を迎えてからは、仕事のペースがゆるくなったけれど、仕事も変わらず楽しくて仕方がありません。

でもそれは、日々の生活の積み重ねであって、豊かな暮らしとは、そこから「もうひとつ向こうの、他者に手を差し伸べることができる余裕があること」だと思っています。歳を重ねると自分自身を満たすすべも知っているし、自分を飛び越えて周りにいる人やものについて考えられる余白もできます。他者を思いやり、時には手を差し伸べ、環境にも配慮する。そんな姿勢でいられたら、自分の周りの世界も豊かになるんだと思います。

生活は人任せにしないで積極的に楽しむ

私は住宅設計者ですが、その前にひとりの生活者だと思っています。生活することが大好きだから、その先にある住宅設計をなりわいにしたほど、生活が大好き。住宅を創るときも「生活を積極的に肯定します」と申し上げていますし、私自身が生活を積極的に楽しむことがモットーです。

「生活が大好きだから、人任せにしない」

「一生活者として楽しみ、その先に仕事がある」

仕事をしたり家族のお世話をしたりと、家で過ごす時間が長い人、外で過ごす時間が長くて「家は寝に帰るだけ」の人。さまざまなライフスタイルがあるなかで、家が「自分にとって最高に居心地のよい場所」であることは、誰にも共通する願いのはず。だからこそ生活をおざなりにはできません。

豊かな暮らしのカギは オンとオフのバランス

打ち合わせや現場などで外に出る以外は、自宅のアトリエでデスクワーク。自宅だからこそAM9時からPM5時までと時間を決めることで、集中して仕事がこなせます。座りっ放しなので息抜きはちょこちょこ家事。仕事をしながら同時進行で進められるような水面下の家事効率をいつも模索しています。

アトリエ以外の生活空間ではオフモード。ひと息入れて夫との夕食の時間までにやるべき家事を順に済ませていきます。仕事を離れると家事が息抜きのようになっていて積極的に楽しんでいます。

PART 5

暮らしのなかで感じる小さな幸せを大切にする

昨今、ずっと今が続いて欲しいと思うくらい毎日が幸せです。特別な出来事はなくていい。つつがない毎日がいちばんだと思っています。

お日様の香りがする洗濯物、窓から見える朝日、星や月、緑わたる清々しい風。おいしいごはんやワイン（汗をいっぱいかいたあとの泡もサイコー！）、その向こうにある笑顔と会話……。

季節を感じる瞬間も好きです。春なら小鳥の声、花の香り。夏は週末の早めの夕刻にいただく冷えたワイン。冷え込む冬は湯たんぽでほかほかに温めた布団に入るとき、また入浴剤を入れたお風呂に本を持ちこんで「あぁ〜幸せ」と言いながら汗をかくときは満たされます。

日々のあちこちに、「幸せだなぁ」と感じる瞬間がたくさんあります。幸せの基準は人それぞれですが、暮らしのなかの小さな幸せって何よりもかけがいのないもので「何でもない日、バンザイ！」です。

仕事も私にとって大切。だからオンとオフ、両方の時間を手放しません。オンでは素敵な住み手や作り手に会い、住宅を一緒に創るとき。さらに本格的に忙しくなる前の一週間は最高に素敵な時間。そして住み手が喜んで暮らしていることが私の幸せでもあります。

仕事から離れて、家族や友人とおいしいものを暴飲暴食しながら大笑いする時間も大切です。

毎日忙しく追われていると心が鈍くなってしまうので、いつもバランスが大事。まずは身の丈の暮らしに目を向けて整えていくと、小さな幸せをキャッチできる心のゆとりが生まれます。

身の丈の暮らしに目を向けて
小さな幸せを見つける

お日様の匂いがする洗濯物が大好きなので洗濯も楽しい。取り込むときにいつも「幸せ～」と感じています。朝は5時前に起きますが、朝日を浴びると体がシャキッと目覚めて、モヤモヤした気持ちもスッキリします。

わが家の畑で収穫した野菜たちで料理を作り、夫と夕食の食卓を囲みながら「カンパーイ！」とワインを飲む瞬間がいちばん幸せ。この瞬間のために日々生きていると言っても過言ではありません。

PART 5

間に合わせでは済ませず、自分が納得できるものを食べる

私は自他ともに認める食いしん坊。ごはんもお酒も甘いものも、おいしいものは何でもウエルカム！

食い意地も張っており、ガツガツと暴飲暴食をしてしまう自分を知っているから、どんなにおなかが空いてもあとで後悔するようなものは、間に合わせで食べないと決めています。

例えばコンビニのおにぎりやお弁当、お菓子やパンは、忙しいときに手軽で便利だけれど絶対に食べません。コンビニで済ませるくらいならりんごをかじります。

駄菓子もしかり。お高いおやつでもガツガツ食べてしまうくらいだから、安

価なスナック菓子の買い置きなんてもってのほか。あれば手が伸びて「やってしまったぁ〜」とヘコむだけ。胃袋はひとつなのだからきちんとした素材を使った、できれば作り手が見えるような、おいしいもので満たされたいのです。

現場近くにおいしい店があると聞けば、必ず立ち寄るくらい「おいしいアンテナ」も張っています。

わが家では夫と夕食を食べると決めているので、そこに照準を合わせて1日の食も時間もやりくりして、「おいしい」を絶対諦めません。

週末断食を体験してからは、夕食から次の食事まで15時間空けるファスティングを実践中です。体が軽くなるし、ごはんもすこぶるおいしく感じるので、食いしん坊の私にはピッタリ。朝ごはんを抜くだけなので簡単なんです。

おいしいものを食べることは私の元気の源です。だから妥協しないで、1食1食（もちろんおやつも）を大切にしています。

お気に入りスイーツ

左上：「館山中村屋」のマドレーヌ。現場近くにあってハマった昔ながらの味。右下：徳島の友人が営む「工房Une petite pause」のクラフティリーズ。夏の期間限定で毎年楽しみにしている旬のスイーツ。左下：「ホレンディッシェ・カカオシュトゥーベ」のバウムクーヘン。夫からの誕生日プレゼントの定番です。

PART 5

制限があるなかでも手作りしておいしく食べる

わが家のメニューは非常に特殊です。夫が腎臓病の入口にいるので、塩分とたんぱく質の制限をしていて、とっても薄味。何でもモリモリ食べるわけにもいかず、肉や魚を控えた野菜中心の食生活を送っています。

加えて塩分とたんぱく質量の計算が必要なので、日々の食事は手作りが基本。私のスケジュールと冷蔵庫の食材を見ながら1〜2週間分の献立を立て、夫に渡して事前に栄養計算を済ませておきます。

「夫のため」から始めたことですが、手作りなら自分の食べたいものが作れるし、味のアレンジも自由自在。お肉がいっぱい食べられなくても、大量の野菜で十分満足。昔よりずっと野菜を好きになってレシピのバリエーションも広がりました。

薄味でも濃いめに取っただしや旨みのある食材、スパイスやハーブを組み合わせればいい塩梅に仕上がります。何より素材のおいしさをしっかり感じられるのがうれしいです。

減塩対策＋畑の野菜の大量消費が同時にかなって、満足満足。かれこれ20年も続けているので、これがわが家の味です。

季節や旬に敏感になれるのも、手作りだからこそ。旬の野菜はみずみずしくて旨みが強く、味、食感、香りも最高。加えて露地栽培の野菜は栄養価も高くなるので口も体も喜びます。スーパーだったら旬のものはお値打ちで家計にもやさしい。迷わず手が伸びますね。

わが家の場合は、大きな畑があるのでなおのこと、季節とともに食卓がありま す。収穫を迎えた野菜たちと向き合って、メニューを考えるのも楽しいものです。

PART 5

毎日のことだから気負わず気ラクにが、楽しく続けるコツ

毎日、料理を真面目に作っていますが、私のレシピはとてもシンプルです。素材がよければ、蒸す、焼く、揚げる、煮る、だけで十分おいしくなるし、きゅうりやトマトなど生で食べられる野菜は、切るだけで立派な一品に。

味のベースは濃いめのだしやだししょうゆ。素材の味を生かしたいからややこしい味つけはやめました。シンプルにすることで、時短にもつながり、一石二鳥なんです。

さらに、お酢やレモン、すだちのほか、お手製のゆず酢などの酸味を加えてアクセントに。トッピング兼味つけに、塩昆布、しょうがの甘酢漬け、アーモンド、のり、ねぎ、わさびなどを添えて、各自で調整するのもおすすめです。夫の腎臓によくて私もラクちん。今では気楽に取り組んでいます。

すぐに実践できる減塩のコツ

ハーブやスパイスは、お土産でいただいたりすると新しい味に出会えて気分が上がります。カレールーやデミグラスソースは、市販のナチュラルなものを選んでおいしく時短。

- 野菜をモリモリ
- 旨みのある食材を組み合わせる
- 濃いめのだしで下味をつける
- 酢や柑橘の酸味をプラス
- しょうがなどの薬味をたっぷり
- スパイス、ハーブをアクセントに
- 味つけは最後に。後がけ、後づけで調節
- 葉もの野菜で巻いて食べる

献立作りは夫との共同作業

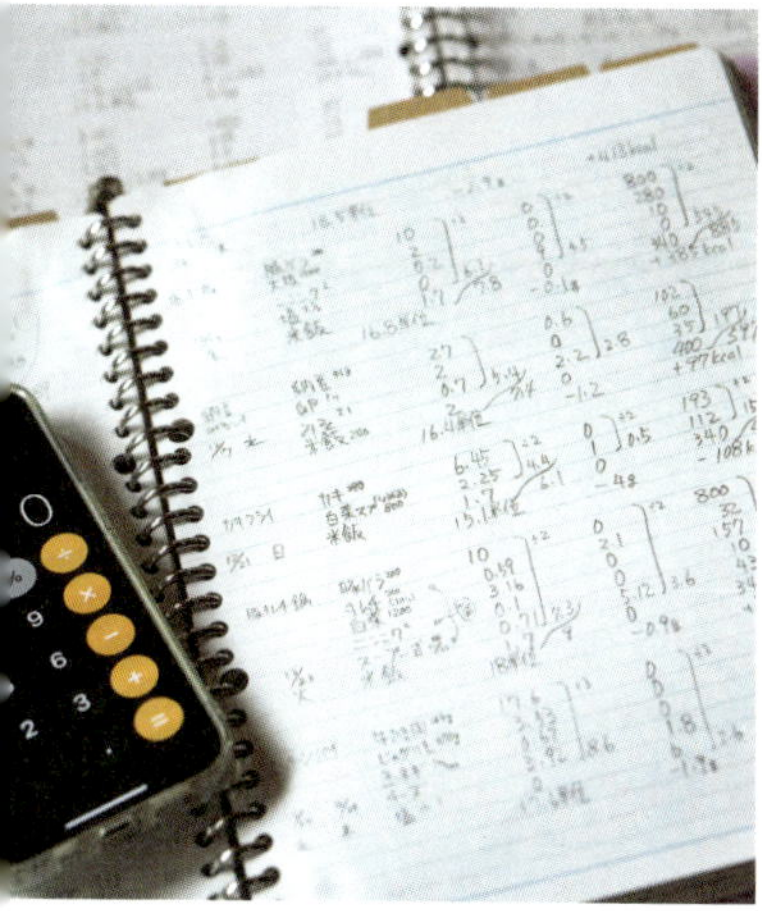

2週間分のメニューを作成

私のスケジュールと畑の野菜、冷蔵庫の食材を見ながら考えます。メインを考えて、副菜を2〜3品。食材をきちんと使いきるようにメニューを組み立てていきます。

↓

塩分・たんぱく質量をチェック

夫に献立を渡して、塩分とたんぱく質量、カロリーを計算してもらいます。食材の手配は近所での買い物以外に、最近パルシステムを導入したので計算がとってもラクになりました。

PART 5

日々のメニューを決めるのは畑と相談

わが家は近所に100坪ほどの畑を持っていて、夫の母上が維持できなくなってから引き継いで面倒をみています。生産緑地のため耕すことは義務ですが、収穫の喜びがあるから続けられています。今では気持ちよく晴れた日に、何も考えず夢中で作業するのが「ぜいたくな時間」とさえ感じています。

畑の年間スケジュールを立てて耕し、種をまいて水をやり、雑草を抜きながら収穫を待ちます。寒い季節以外は何かしら育てているので、スケジュールに合わせてぐるぐると作業を行っていますが、広いのでかなり本気です。

大根、玉ねぎ、じゃがいもは、畑のもので足りるくらい育てているし、夏にはきゅうりやトマト、なすが大量に採れて消費に追われるほど。近隣の住み手や友人にお裾分けすることもありますが、それでも追いつかないくらい採れるときは採れるのです。

うれしい悲鳴ですが、手をかけた野菜たちをフレッシュなうちに食べきるのが課題。だから献立を考えるときは、まず畑の野菜を見てメニューを決めています。

例えば大根だけでも、煮る、焼く、炒める、干す、揚げる、そして生と、調理法を変えれば相当なバリエーションが組めます。皮や葉っぱも全部食すので、大根だらけの食卓になることもありますが、いろいろ試して新しい味に出合えたり学ぶことも多いです。トマトや玉ねぎ、なす、じゃがいもも同じく、毎年、手を替え品を替えて創作し、レパートリーがかなり増えました。

こんなふうに旬の食材を集中的に大量に食べていると、畑の野菜が変わる次の季節には、ほかの野菜が食べたくなります。口も自然に季節に順応しているようです。

玉ねぎやじゃがいもなど、手放しで育てられるベーシックな野菜を年間計画の柱にし、新しいもの好きの夫がチャレンジしたい野菜を組み込んでいます。「初めまして」の野菜は食べるのもワクワクします。

副菜はすべて畑の野菜。これがわが家のベーシックです。一品ずつは、焼いただけ、スライスしただけ、ゆでただけ、和えただけの簡単なものですが、献立にすると充実した食卓になります。

＼アレンジ／

野菜を使いきる定番レシピ

ベジブロスの作り方

❶鍋にオリーブ油、クミン、赤唐辛子を種ごと入れて炒め、冷凍保存した野菜くずを加えてふたをして弱火で10分ほど蒸し焼きにする。❷トマト（またはトマトピューレ）を加えて蒸し煮にし、野菜が煮崩れてきたら途中火を止めて余熱を利用しながらじっくり加熱する。❸最後にブレンダーでかくはんしてスープ状にして完成。❹炒めたひき肉を入れてミートソースにしたり、かぼちゃやじゃがいもを足してポタージュにしたりアレンジを楽しみます。

野菜のビネガー和え

野菜を砂糖と少しの塩、ゆず酢（または酢）で和えるだけの簡単作り置き。そのまま小鉢にするのはもちろん、鶏肉などを混ぜてアレンジしたり、おかずのもとにもなります。

PART 5

季節の保存食作りで自然に寄り添う暮らし

季節の恵みを閉じ込める保存食は、ひと手間加えることで旬のおいしさが長く楽しめるうえ、食卓も豊かになります。大量に採れる畑の恵みの消費にも役立ち、しかも簡単となれば、作らない手はありません。

夏の畑にぐんぐん生えるバジルと大葉は、ジェノベペーストにしてソースやドレッシング、スープにと幅広く使います。トマトはトマトソースとドライにして生とともに使い分け。週に1度は仕込むベジブロスのベースにも使うので、わが家の食卓には欠かせません。

季節の果物は、ジャムやコンフィチュールに。パンに塗ったりヨーグルトにかけたり、料理の隠し味に使ったりと大活躍です。

そして冬に欠かさず作っているのがみそ。教えてもらったレシピより、塩の量を減らした麦みそで、1年分仕込むので市販のものは買わなくなりました。ほかにも、季節の野菜を干したり、甘酢漬けにしたりと、ちょこちょこ作ってストックしています。

自分で作ると量や味を好みに調整できるので、私は塩や砂糖の量を減らして夫婦ふたりで食べきれる分だけ作ります。あれこれ試しながら季節の味覚を楽しんでいます。

季節の保存食カレンダー

春 いちごのコンフィチュール、柑橘ジャム

夏 梅ジャム、ジェノベペースト、トマト（ドライ、トマトソース）、らっきょう漬け

秋 栗ペースト

冬 手作りみそ、切り干し大根、ゆず（ゆず酢、ジャム）、柑橘ジャム

あると便利な季節の保存食

玉ねぎ

保存食ではないですが、玉ねぎ仕事は年に一度の大仕事。収穫したら根と葉を少し残して切り、紐で縛ってガレージに吊るします。1年分あるので全部吊るすと圧巻です。

梅ジャム

畑に梅の木があり、季節になると黄色く熟した実がポトポト落ちます。それをコツコツ拾って冷凍し、ある程度の量になったら柑橘と合わせて甘さ控えめのジャムに。梅ならではの甘酸っぱさが気に入っています。

手作りみそ

大豆と麦こうじ、塩でシンプルに仕込む麦みそ。塩分控えめなので、ホーロー容器に小分けし、最後に酒かすをかぶせてラップで覆ってカビ対策を万全に。みそ汁はもちろん幅広く使います。

ゆず酢

酢といっても発酵していない果汁100%のゆず果汁。徳島の友人の畑とわが家の畑で収穫したゆずをひたすら搾り、ペットボトルなどに入れるだけ。皮の油が表面を覆って保存がきくので重宝します。

ジェノベペースト

畑のバジルと大葉で仕込む万能ソース。ミキサーにかけるだけなので作り方は簡単ですが、1年分なので、葉を落として洗ってとなるとそれなりに大仕事。夏の暑さと闘いながらコツコツと作業します。

あんこのお話

甘いものは全般に好きですが、あんこも大好き。毎日飲むワインと同じくらい口にするので、1度にたくさん作って小分けにし、冷凍庫に常備しています。手作りなら甘さを控えた自分好みの味にできるので、あんこ仕事も欠かせません。

歳を重ねて、家飲みの楽しさを知る

50代以降、仲間と集まるときは、圧倒的に家飲みが増えました。若い頃は何も考えず、お酒の場に参加していましたが、歳を重ねるにつれ、「好きなお酒は好きな人と会話を楽しみたい」と、お酒の場の「質」を重視するようになりました。

コロナ禍をきっかけに、より人間関係や時間の使い方を意識するようになってからは、ちゃんと話ができないパーティや関係を維持するためだけの飲み会には参加しないと決めました。

大切な人にお礼でご馳走したいとき、気心が知れた仲間と大笑いしたりゆっくり飲みたいときには、自宅に招いて真っ直ぐ話ができる場を創るというのが今の気分です。家飲みなら帰りの道中を気にしなくてもいいから、気持ちもラク。ついつい激しく調子にのって飲みすぎちゃうこともしばしばで、そのたびに夫に介抱してもらっています。

もちろん家飲みとなれば準備が必要ですが、1~2週間前にはメニューを決めているので、当日にバタバタすることはありません。

メニューの組み立ても段取りのひとつ。うちの食事情は、お招きするような親しい人たちはご存じなので、普段の食事と同様に野菜いっぱいの決して豪華ではない減塩メニューをおもてなし仕様にしていますが、切って和えたもの、揚げたもの、焼いたもの、煮たものというように調理方法を変えると、同時進行が可能に。メニューも偏らないので組み立てやすくなります。

確実に酔っ払うことを想定して前日から仕込み、当日はパパッと仕上げて早く席に着きます。作りながらおもてなしできる達人もいらっしゃいますが、私は残念ながらその域には達していないので。

家飲みでもおいしいワインと料理、楽しい会話と大笑いはセットです。

家飲みの段取り術

◎ 季節の野菜や食材、気温を頭に浮かべてメニューを組み立てる

・温かいもの、冷やしたものを決める

・前日から仕込めるメニューを組み込む

・異なる調理法のメニューで構成する

◎ 下ごしらえは事前に済ませておく

◎ 食器類を準備してテーブルセッティングをしておく

◎ 最初の品以外は大皿に盛り、取り分けスタイルに

お客さんが来てからバタバタしたくないので、来客前にはテーブルクロスを敷いて取り皿やカトラリー、グラスをセット。調理中の料理のお皿もキッチンの作業台に準備しておきます。

＼野菜をもりもり／

ある夏の家飲みメニューは、夏野菜が盛りだくさん。メインになすのミートグラタン、大皿にうどの天ぷらとカットきゅうり、紫玉ねぎのビネガー和え、さらに副菜でじゃがいもサラダ、グラスサラダ、なすのフムス（ペースト）、アボカドディップを添えて。

PART 5

時にはブレイク。外食で世界を旅する

毎日の食事を手作りしているので、外食は家では作らない（作れない）ものしか頼まないと決めています。せっかくプロに作ってもらうのだから「おぉ！家じゃできない味つけだわぁ」と毎度感動したいし、想像が膨らむ新しい味に出会いたい。食いしん坊の私にとって外食は、ご褒美のような特別なもの。スケジュールに入っていると胃も心もワクワクします。

気兼ねなく楽しみたいから、数週間〜1か月先に予定を組んで夫の手当て（食事の準備）もきっちりしておきます。（気合い十分！）

おいしいものに詳しい友人たちと、異国の料理を楽しむことも多く、先日はラオス、カンボジア、ベトナム料理で、旅行気分を味わいました。東京は行ってみたいお店だらけで尽きることはありません。

食に貪欲だから、セルフコントロールは欠かせない

体は正直で、必要以上に食べて飲めば体にしっかり現れます。夫に合わせた食事のおかげで、健康診断の数値は良好ですが、365日欠かさずワインを飲むので、毎朝のスポーツジム通いがルーティンに。外出時は駅まで歩き、近所の移動には雨の日以外、アシストのない自転車を使うなど、摂取と消費のバランスを取るように心がけています。

60歳の区切りに以前から興味のあった週末断食にも挑戦。「食いしん坊の私には無理でしょ」と思っていましたが、2泊3日のコースで体がリセットされていい感じ。日常では15時間ファスティングを実践中です。

いつまでもおいしいものを食べ、ワインを飲み、自分を好きでいたいから、できる努力は惜しみません！

1日のスケジュール

AM4:45	起床
	メールチェック、SNSアップ、身支度
	現場や打ち合わせがなければスポーツジムへ
AM9:00	洗濯しながら仕事をスタート
	合間に料理の仕込みをちょこちょこ
	日が暮れる前に洗濯物を取り込む
PM5:00	夕食の準備
	夫とワインを飲みながら食卓を囲む
PM8:00	まったり自分時間
	録画したテレビ番組を観たり、本を読んだりする
	入浴
PM10:00	就寝（目標）

＼朝イチに自転車でジムへ！／

＼日中は仕事をテキパキ／

＼夕食は夫と一緒に／

PART 6

暮らしと住まいの上級者になってみる

自分の審美眼にかなう上質なものを取り入れる

片づけを習慣にして暮らしを整えていくと、家具や家電、器や鍋、掃除道具をはじめとする暮らしまわりのものへの意識も高まり、上質なものに囲まれたくなります。

すべてはバランスなので上質なものがひとつ入ると、周辺にある間に合わせのもの、使い勝手が悪いもの、美しくないもの、素材の貧しいものは排除され、きちんと使おうと、ものの扱い方も変わっていきます。

身の回りのものは自己表現のひとつでもあるので、流行りなどではなく自分に合う上質なもの（本物）を厳選するのが正解です。

自分の美意識に合うものを取り入れると面倒だと思っていた家事が楽しくなったり、自然に暮らしの一部に組み込まれて、彩りを与えてくれます。

ファッションは流行りではなく自分に合うものをチョイスする

衣食住すべてが自己表現。おしゃれな人は、自分に似合うスタイルを知っていて、身の丈のものを上手に着こなしています。いつ会っても「どこで買ったんだろう」と思わせる、上質なものを着ている。そんな大人の感性を持っている人に憧れます。

私が好きな素材はコットンなどの自然素材。よく動くので洗濯機で洗える丈夫で手入れが簡単なものが中心です。色は明るくハッピーなもの。気持ちが上がって楽しいほうがいいから、黒色は礼服・喪服以外は持っていません。

夫は革職人でファッションが大好き。「これ似合うんじゃない?」と客観的にサジェスチョンしてくれてパソコンに画像が送られてきたりします。信頼できて正直に進言してくれる人がそばにいるといいですね。

名作椅子の中でも実用性を兼ね備えた美しいものを愛用。フリッツ・ハンセンのセブンチェアやカール・ハンセン＆サンのＹチェア、ワーナーのシューメーカーチェアなどは、1脚ずつ購入して使用感をクライアントにも伝えています。

右：ベーシックなボーダーは、私のアイコン的アイテム。デザインの異なるものを着回しています。中・左：コーディネートの中心になっているのは、ナチュラルランドリーとキノット（カタログのモデルもこそっとしています）。相性がいいので組み合わせて着ることが多いです。

バッグ類は革職人の夫が作るものを使っていて、長年の酷使に耐え、いい具合に味が出てきています。上：お仕事バッグとその中身。資料などが持ち運びやすいショルダー付きのトートバッグ、キーホルダー、パスケース、手帳などもすべて革製。左：身軽なお出かけには、ポーチや小さなサイズのものを使い分けています。

出番が多いのは、ワンピースタイプのエプロン。日常着にもお出かけ着にも（もちろんエプロンにも）なる機能的なデザインで、キノットと他ブランドのものを気分に合わせて着用。

毎日の生活を元気に朗らかに過ごすためにお金を使う

大きな買い物はしませんが、お金は自分へのご褒美や興味あることに使いたいと思っています。例えば、私は365日ワインを飲みます。決して高いものではないけれど、夕食のワイン（ときに泡）が待っていると思うと、その日何があっても頑張れます。建築家仲間との建築旅も有意義な時間。年に一度、海外へ憧れの名作住宅を巡る旅にも出かけます。女子会や気の合う人たちとおいしいごはんを食べに行き、楽しい会話を肴に飲むのも心のビタミンです。

一方で災害時や有事に支援する気持ちも大切にしたい。夫の母上はユニセフのマンスリーサポートを通じて30年以上寄付を続けています。母上のような個人が社会としっかりつながって、自分の役目を果たしている姿は非常に尊敬でき、自分も他者に手を伸ばせる余裕を持とうと常に考えています。

暮らしのなかにアートのすすめ

休日にはよく美術館に足を運びます。私にとってアートは心のビタミン。本物に触れることは刺激的で、自分の美意識も向上します。

わが家では壁に大好きなアーティストの絵を飾り、コーナーには旅先で出会った人形やオブジェを置いています。壁やコーナーは暮らしの背景。必要なものだけでしつらえた住まいは、何だかカサカサしていて味けなく感じます。でも、ふと立ち止まる場所にさりげなく溶け込むアートがあれば、家の中の景色がうるおいます。

だからと言ってむやみに飾らないこと。どんなに素敵なアートもボリュームを絞らないとゴミに見えてしまうから。本当に好きなものを熟考して手に入れる。そしてとことん愛でてください。

さりげなく取り入れて暮らしの背景に

上：白い壁にさりげなく飾った作品が暮らしに溶け込みます。キッチンには食まわりの作品を。テーマを決めるとストーリーが生まれます。下：寝室のコーナーには家族や友人との思い出の品を、写真とともに飾っています。

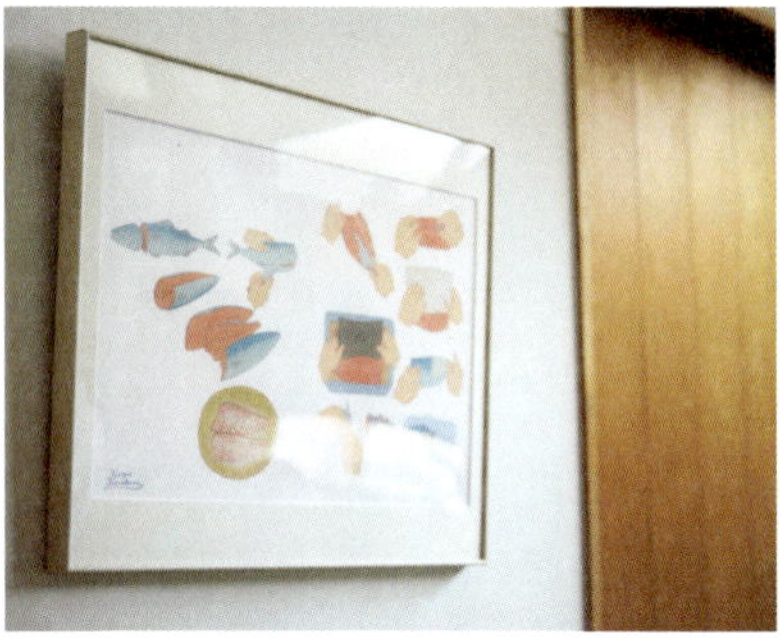

右上：メキシコで出会ったキャッチーなアート作品。左上：絵画は「手」をテーマに集めていて、こちらはアメリカを代表する画家、ベン・シャーンのリトグラフ。右下：大好きなイラストレーター、川上和生さんの作品「シメサバのつくり方」。左下：トイレの窓に飾った編み物は住み手の製作物。カラフルなハートの刺繍が素敵。

ワインの愉しみ方

お気に入りはイタリアワイン。価格を1000〜3000円くらいと決めて定期的に取り寄せていますが、いろいろな銘柄を試したいので記録用にワインノートをつけています。これが結構おすすめで、写真と銘柄、簡単なコメントを記入しておくと、どの州でどんな品種かなど飲むほどに学習が兼ねられます。

PART 6

楽しいことばかりで組み立てて ストレスフリーの毎日を

生活は毎日のことだからメリハリが大事。ルーティンに楽しいことを組み込んでいくと、そこを死守しようとほかの時間の使い方が上手くなります。

例えば私の1日は早朝から始まります。超早起きは冬になるとつらいけど、春は朝日が見えたり、夏は暑さが和らいでいて清々しい。朝イチにスポーツジムでみっちり汗かくのが日課で、誰にも汚されていない空気のなか、自転車を走らせるのは素敵です。そして1日の終わりに夫と一緒に晩酌する時間が幸せのピーク。その後も湯船に浸かりながらゆっくり読書し、明日のよいことを考えながら爆睡します。朝起きたら今日のいいことを考え、マイナスなことは頭から排除。ときどき好きな人と食事をするようなイベントを組み込んで、1日、1週間、1か月のなかでメリハリを作っています。

夫婦関係の秘訣はリスペクト。時には頼って家事も任せる

夫とはお互いの仕事や考え方をリスペクトしながら応援し合える同士であり、率直に意見をくれたり助言してくれるいちばんの友達です。好みや暮らし方の根っこの部分とお互いにもの作りをしている点は同じですが、仕事や交友関係、情報源が異なり、違うものを見ているから話題が尽きません。

私が不得意なことやアンテナが出ていないことが、彼の得意分野だったりするので頼りにしているし（彼もそう思ってくれていればよいのだけれど……）、実際に頼っています。

性格も違って夫は几帳面で私は大雑把。それぞれの性格もあわせて家事を分担するとバランスがよいと思います。ひとりで抱え込まず、相手を信頼して任せることも夫婦円満の秘訣かもしれません。

ケチケチも悪くない

住宅設計者になった頃から倹《つま》しい生活をしていたのでケチケチが身についています。たぶんずっと同じ温度でいるから無理に節約することはありません。

そもそも、ものへの執着がなく、買い物で散財するくらいなら好きな人たちとおいしいものを食べたいと思うタイプ（だから食に無頓着な飲み会は避けたい）。旅をしたりアートを観たり触れたりして、自分の身になることにお金を使いたいのです。買わないからものは増えないし、生活費はほぼ一定で管理もしやすい。面倒になることを無意識に回避できています。

最近では、ケチケチ＋体型維持のために、近隣の移動は自転車でと決めていましたが、さすがに大雨や雪の日は危ないので車を使うことを自分に許しました。そんなことがかわいいぜいたく！　って思えます。

今まで習慣にしていたことを思いきって変えてみる

年齢を重ねて習慣を変えたり、新しいことを始めるのはハードルが上がりますが、思いきってやってみると新しい発見があります。

最近よかったことは、毎日飲んでいる炭酸水を市販のペットボトルから炭酸水マシーンに替えたこと。ゴミが出なくて環境にもやさしくおすすめです。もうひとつはファスティング。「3食きちんと食べなさい」と育ちましたが、大人はそんなに栄養はいらないから週末断食で覚えた朝ごはん抜きは体調がとてもよい。考えていないでまずは何事もやってみるべし！ です。

美術館やギャラリーに行くたびに購入して集めているポストカード。ただ集めているより使おうと思い立ち、お歳暮やお中元のお礼はメールじゃなくて葉書を使っています。それぞれにイメージして送るのは素敵です。

PART 6

これから先の暮らし方を考える

建築設計の世界に入ってから約40年が経ちます。故郷の徳島のことはずっと大好きで年に3回は帰ります。阿波踊り以外に集客できるような場所ではないので山も海も川もあまり変わらなくて素敵。両親はすでに他界しましたが昔からの友人も多く、いつ帰っても時間の空白のない会話がうれしい場所です。

まだふんわりとしたイメージですが、徳島と東京で二拠点生活を考えています。私が創った友人の家とつながるように実家との間に土地を買い、今はその友人と土地を肴に、拠点を構えたら耕したりしながら社会とどうつながっていくのか夢想するという、ぜいたくな遊びを楽しんでいます。

ただ、これから先にどんな変化が訪れるのか読めないので、しなやかに今を大事にしながら将来を見据えたいと思っています。

先の自分が読めない足踏み状態というのは、周辺環境の変化を見ながらゆっくり練る準備期間。60歳あたりは、こんなふうにセカンドステージを模索する人が多く、私のクライアントにも夫婦ふたり暮らしになり、小さく住み替えるという人が増えています。そのタイミングで新しいことを始めたり、夢いっぱいに人生を楽しんでいる姿は素敵なお手本です。

取材でよく「仕事はいつまで続けますか？」と聞かれますが、個人事業主だからいつ辞めるかは自分次第。もっといえば辞める必要もない。今のところ私にと依頼があってお役に立てるうちは続けようかなと考えています。

でも、ずっと同じように住宅を創っているのか、ほかのジャンルにいっているかは未知数。これまで住宅設計者の立場として住宅誌に出ていましたが、最近は私自身のライフスタイルを取材されたり、この本のように予期しない展開になっています。いつ新しいジャンルに出会えるかわからないので、どの瞬間でも自分がハッピーでいられるように常にアンテナを出し、新しい風を柔軟につかみたいと思う、今日この頃です。

おわりに

こんなに自分のライフスタイルを公にしたのは初めてです。私の暮らしぶりが誰かのヒントになるのか？　と躊躇《ちゅうちょ》しましたが、「時短」という単語がやや独り歩きしていることへの抵抗として、住宅設計者として携わりたいと考えました。

生活のなかの効率を図って小さな時間を少しずつためたら、その時間をどう使うか。それがいちばん大切です。

「田中さんにとって豊（ゆたか）ってなんですか？」と聞かれたときに最初はドキッとしました。おいしい食や素敵なものも入口は満たしてくれるかもしれないけれど、私は人に手を差し伸べられる心の余裕だと感じています。そのために少しずつ日々の時間をためて他者に思いやりを持てる暮らしを創りたい。必死に頑張る一回限りじゃなくて、楽しい毎日の生活のなかで「豊（ゆたか）」がいろんな場所で自然に生まれますように。

住宅設計者　田中ナオミ

60歳からの暮らしがラクになる住まいの作り方

田中ナオミ
naomi tanaka

一級建築士、NPO法人家づくりの会会員、一般社団法人住宅医協会認定住宅医。1963年大阪府生まれ、1965年から高校卒業まで徳島県にて過ごす。女子美術大学短期大学部造形学科卒業後、エヌ建築デザイン事務所、藍設計室を経て、1999年「田中ナオミアトリエ一級建築士事務所」を設立。住み手を笑顔にする住宅を一筋に手がける住宅設計者として活躍。著書に『片づく家のアイデア図鑑』、『がんばりすぎない家事の時短図鑑』(ともにエクスナレッジ)ほか。

HP　http://nt-lab.na.coocan.jp
Instagram　@naomitanaka_ntlab
NPO法人家づくりの会
https://www.npo-iezukurinokai.jp

Staff
デザイン　近藤みどり
撮影　鈴木真貴
校正　東京出版サービスセンター
編集　smile editors　岩越千帆、印田友紀
企画　smile editors　印田友紀
編集部担当　澤村尚生(主婦と生活社)

著者　田中ナオミ
編集人　栃丸秀俊
発行人　倉次辰男
発行所　株式会社 主婦と生活社
〒104-8357　東京都中央区京橋3-5-7
TEL 03-5579-9611(編集部)
TEL 03-3563-5121(販売部)
TEL 03-3563-5125(生産部)
https://www.shufu.co.jp/
製版所　株式会社 公栄社
印刷所　大日本印刷株式会社
製本所　小泉製本株式会社

ISBN978-4-391-16252-3

落丁・乱丁の場合はお取り替えいたします。
お買い求めの書店か、小社生産部までお申し出ください。